O PAI PRÓDIGO

Adeilson Salles

O PAI PRÓDIGO

Copyright © Adeilson Salles, 2018
Copyright © Editora Planeta do Brasil, 2018
Todos os direitos reservados.

Preparação: Marcelo Cezar
Revisão: Maria Aiko e Laura Vecchioli
Diagramação: Vivian Oliveira
Capa: Rafael Brum
Imagem de capa: Oliver Carmichael / EyeEm / Getty Images

DADOS INTERNACIONAIS DE CATALOGAÇÃO NA PUBLICAÇÃO (CIP)
ANGÉLICA ILACQUA CRB-8/7057

Salles, Adeilson
O pai pródigo : uma história real sobre o amor incondicional entre pais e filhos / Adeilson Salles. -- São Paulo : Planeta, 2018.
208 p.

ISBN 978-85-422-1424-6

1. Literatura brasileira 2. Religião - Ficção 2. Família - Ficção 3. Pais e filhos - Ficção I. Título

18-1476   CDD B869

2018
Todos os direitos desta edição reservados à
EDITORA PLANETA DO BRASIL LTDA.
Rua Padre João Manuel, 100 – 21º andar
Ed. Horsa II – Cerqueira César
01411-000 – São Paulo-SP
www.planetadelivros.com.br
atendimento@editoraplaneta.com.br

Os filhos são universos inexplorados.

SUMÁRIO

CAPÍTULO 1	SONHOS	9
CAPÍTULO 2	TRÊS ANOS DEPOIS	19
CAPÍTULO 3	NOVOS PERSONAGENS	25
CAPÍTULO 4	ARMADILHAS	31
CAPÍTULO 5	DESCOBERTAS	37
CAPÍTULO 6	PARCERIA	47
CAPÍTULO 7	PREGAÇÃO	55
CAPÍTULO 8	A PAIXÃO	63
CAPÍTULO 9	DESAFIOS	69
CAPÍTULO 10	TRATAMENTO	75
CAPÍTULO 11	TORMENTOS	81
CAPÍTULO 12	O JANTAR	87
CAPÍTULO 13	APRESENTAÇÃO	93
CAPÍTULO 14	O ALMOÇO	99
CAPÍTULO 15	DETETIVE	105
CAPÍTULO 16	SEPARAÇÃO	113
CAPÍTULO 17	REVOLTA	123
CAPÍTULO 18	VINGANÇA	129
CAPÍTULO 19	FLAGRANTE	135

CAPÍTULO 20	SETE ANOS DEPOIS	141
CAPÍTULO 21	PRECONCEITO	149
CAPÍTULO 22	SAUL	157
CAPÍTULO 23	LAURA	169
CAPÍTULO 24	ÂNGELO	177
CAPÍTULO 25	MINHA HISTÓRIA	185
CAPÍTULO 26	REENCONTRO	191
CAPÍTULO 27	DOR	197
CAPÍTULO 28	CONCURSO	203

CAPÍTULO 1

SONHOS

O beijo apaixonado abre as portas para que os corpos, ansiosos por aquele momento há tanto tempo, possam se entregar ao amor.

— Nem acredito que a partir de hoje poderemos viver um para o outro na mesma casa... – diz com suavidade e ternura.

— Tenho certeza de que o nosso amor é o maior do mundo... – ele sussurra enquanto envolve o corpo dela num abraço ardente.

Por algum tempo os beijos e as carícias falam silenciosamente tudo que o idioma do desejo pode narrar.

Quando as respirações ofegantes se tornam a única música na suíte do belo hotel, os corpos estiram-se lado a lado, fatigados e suados.

Nesse momento, os olhos desmesuradamente abertos de ambos se fixam no teto do quarto.

As mãos se buscam e permanecem em comunhão depois que se encontram, esquecidas do relógio.

Os dois adormecem...

*

A viagem tinha sido longa. Foi difícil conter a emoção e a ansiedade do sonho acalentado por ambos em conhecer Israel.

Desde os primeiros tempos de namoro, na igreja, ainda na juventude eles confessavam o sonho, àquela época impossível de realizar, em conhecer Jerusalém.

Por muito tempo eles sofreram perseguição e bullying dos amigos, pois disseram que se casariam virgens.

Até mesmo na escola, onde foram estudar juntos, as brincadeiras dos colegas sempre tentavam ridicularizar os dois.

O jovem Saul dizia ser fiel a Deus e que casaria conforme os costumes propostos pela sua congregação.

Nada de sexo antes do casamento.

Sarah, que também comungava dos mesmos princípios, aceitava todas as orientações do coordenador do grupo de jovens religiosos da sua igreja.

Eles estudaram e se formaram. Saul era muito dedicado a tudo que fazia, fosse nos estudos, na vida profissional ou nos compromissos religiosos.

Não foi necessário muito tempo para que ele despontasse como uma liderança natural entre os jovens.

Convidado a ser entrevistado pelo líder da sua igreja, foi aconselhado a estudar Teologia.

Sarah estava sempre ao seu lado.

Após três anos de dedicação na universidade, Saul se formou e se destacou pela capacidade incomum e pelo brilhantismo na interpretação das escrituras sagradas.

Sempre que sua turma se reunia para conversar sobre o Velho e o Novo Testamento, ele tinha o hábito de ouvir a todos com respeitoso interesse.

Quando era a vez de Saul interpretar as lições propostas, sua abordagem invariavelmente surpreendia, pois, através da sua compreensão, novos horizontes e perspectivas se descortinavam para o entendimento da mensagem estudada.

Os mais experientes o apelidaram de Saulo, antigo doutor da lei do Sinédrio, que se tornou Paulo, o apóstolo dos gentios.

Por ter se formado com louvor, e após cinco anos de intensa dedicação à comunidade religiosa, a direção da igreja decidiu lhe ofertar como presente de lua de mel a tão sonhada viagem a Israel.

Saul era, sem dúvida alguma, a mente mais brilhante e promissora designada para ocupar o papel de nova liderança naquela igreja que crescia em todo o país.

E foi com votos de júbilo e promessas de um grande futuro que Saul e sua esposa Sarah partiram para a Terra Santa.

O telefone toca e Saul desperta lentamente.

Olha para o lado e contempla o belo corpo da esposa amada que, por sua impactante beleza, o convidava para uma nova viagem ao mundo do amor.

Contrariado, ele atende o telefone...

É o guia turístico, que os aguarda na recepção do hotel para iniciarem o roteiro pela Terra Santa.

Ele nem se dera conta de que havia amanhecido.

Sarah abre os olhos e sorri.

Saul contempla a esposa e, correspondendo ao sorriso dela, decide se atrasar por alguns minutos...

— Bom dia, senhor Saul e senhora Sarah!

— Bom dia, Aloísio! Como será o roteiro de hoje?

— Começaremos por uma visita a Jaffa, porto antigo de onde saiu o profeta Jonas e por onde o rei Salomão trouxe os cedros do Líbano para a construção do templo. A seguir, faremos um *city tour* por Tel-Aviv e continuaremos em direção ao norte de Israel, onde seguiremos pela Via Maris para conhecer Cesareia Marítima, às margens do Mediterrâneo. Subiremos o Monte Carmel, cenário da atuação do Profeta Elias, onde se encontra também a cidade de Haifa. Seguiremos para Meguido, colina arqueológica no centro do Vale do Armagedon. Finalizaremos no coração da Galileia, com visita ao Monte do Precipício em Nazaré, região onde Jesus passou sua infância e juventude.

Saul observava o brilho nos olhos da esposa e segurava sua mão com ternura e delicadeza.

O saguão do hotel fervilhava de idiomas diferentes, eram peregrinos de todos os continentes.

O jovem casal pensava estar sonhando.

Então, a caravana de peregrinos partiu, revelando no vozerio dos turistas ansiosos a emoção que tomava conta de todos.

À medida que o dia transcorria, Saul e Sarah se deslumbravam ante aquelas paisagens até então conhecidas apenas pela leitura dos textos bíblicos.

Em cada local visitado, a emoção tomava conta do coração deles.

Saul descrevia para a esposa as passagens bíblicas conforme o lugar lhes era apresentado.

Nos dias subsequentes, a experiência se repetiu.

De mãos dadas e corações entrelaçados pelas juras de amor, a vida sorria e prometia muitas emoções e felicidades para o futuro.

No entanto, os momentos de encantamento pareciam correr mais depressa que os ponteiros do relógio, e os dias encantadores chegaram ao fim.

Experimentando precoce nostalgia, o casal se despediu de Israel com profunda emotividade e a promessa de um dia viverem novamente as emoções arrebatadoras daqueles dias inesquecíveis.

*

De volta ao Brasil, Saul foi convocado por um dos dirigentes da congregação:

— Estamos vivendo o final dos tempos e precisamos defender as nossas instituições familiares e a igreja. A mensagem do Evangelho não deve se adaptar à modernidade e à promiscuidade do homem desses dias.

A palavra, ouvida com profunda reverência por Saul, nascia dos lábios do decano da congregação.

Ele era tido como sábio e a maior liderança de toda comunidade.

A sua palavra jamais era contestada.

E ele prosseguiu, com seu tom apocalíptico:

— Nossa igreja precisa passar uma imagem moderna para a sociedade, sem abrir mão das raízes do cristianismo, e necessitamos de mais convertidos...

— Sim... concordo... – Saul dizia, meneando a cabeça.

— Durante sua viagem a Jerusalém, discutimos muito sobre o futuro da nossa igreja. Após muitos dias de meditação e conversas decisivas, decidimos partir para uma ação mais arrojada. Devido aos seus dotes espirituais e de caráter, nosso conselho decidiu outorgar-lhe o comando, com a orientação, é claro, da nossa organização religiosa. Queremos que você e Sarah se tornem o novo rosto da nossa casa espiritual.

Sarah, que também havia sido convidada para a reunião, ficou emocionada com aquelas palavras, mas também preocupada com a responsabilidade que seria assumida pelo marido e por ela.

Saul olhou para a esposa, e disse:

— Preciso conversar com Sarah...

Nesse momento, ele foi bruscamente interrompido pelo ancião, que afirmou com rispidez:

— Sua mulher não precisa ser ouvida, ela precisa apenas obedecer, mais nada. A opinião dela não tem peso para o nosso conselho.

Saul incomodou-se com as palavras do líder religioso, mas a visão de um futuro promissor como liderança importante nas ações da igreja falou mais alto no seu coração.

Ele sabia que aquela era a grande oportunidade de servir ao Deus em que acreditava e de obter destaque social, assim como grande projeção em todos os meios.

— Nossas ações serão assertivas e não podem falhar. Queremos que assuma, com as devidas orientações, o nosso programa de TV.

— Eu...? – Saul indagou sem acreditar.

— Claro que é você! – afirmou com voz contundente o grande líder.

De costas para Sarah, em nenhum momento Saul se virou para a esposa.

Seus olhos brilhavam ante a perspectiva de assumir o comando da igreja que mais ganhava adeptos em todo o país.

A reunião se estendeu por mais algum tempo para que todas as iniciativas da nova "política cristã" fossem apresentadas.

Os brindes foram feitos com copos de refrigerantes erguidos ao alto, para comemorar os novos e arrojados tempos da igreja.

Após as despedidas, que refletiam o entusiasmo de todos os presentes, o casal partiu com renovadas esperanças.

Durante o caminho de volta para casa, Saul permaneceu alheio e ensimesmado, não dirigiu uma única palavra para a esposa. Sarah estranhou a postura do marido.

Ela percebeu claramente que muitas coisas mudariam na vida deles; entretanto, faria de tudo para ajudar o esposo a não se deslumbrar com o poder que acenava para ele.

— Precisamos conversar, amor... – ela disse, quando chegaram em casa.

— Agora não, Sarah. Minha cabeça está fervilhando. Deus está me chamando para cumprir minha "missão". Preciso pensar.

— Eu só queria...

— Agora não, Sarah!

Com carinho, ela se aproximou de Saul e afagou-lhe o rosto, como sempre fazia.

— Agora não, Sarah! – ele repetiu com crueza.

— Pensei que quisesse me ouvir. Sempre me disse para eu nunca deixar de comentar contigo sobre os assuntos de nosso interesse.

— Sim, eu disse e é verdade, mas nesse caso você deve me obedecer, porque está escrito que a mulher deve respeitar e atender às orientações do marido.

— Saul, você sabe que tudo é uma questão de interpretação, e que a esposa é sempre uma boa amiga e conselheira para o marido.

— Não compreende que Deus está me chamando? Vou assumir a liderança da igreja e...

— Você não irá assumir nada, será apenas o rosto moderno da igreja, porque será o conselho liderado pelo ancião que irá decidir tudo.

— Eu serei o líder, e quando a situação estiver sob meu controle, darei um jeito de afastar aqueles que travam o progresso das ideias cristãs.

Sarah preferiu silenciar, pois não reconhecia o esposo naquela fala.

Em poucas horas, Saul se mostrara como um homem que até então ela não conhecia.

De coração sensível, Sarah empreenderia todos os esforços para ajudar o marido no cumprimento das novas responsabilidades.

Com o carinho e a ternura de sempre, ela preparou a roupa com a qual ele sempre gostava de dormir.

Ao se dirigir para o quarto, passou pelo escritório e observou Saul folheando a Bíblia.

Em nova tentativa de se aproximar, ela perguntou:

— Quer um chá?

— Ah, querida... quero sim! – ele retomou a docilidade de sempre.

— Vai estudar agora?

— Preciso me dedicar. As novas funções exigirão muito de mim. Minha atuação guardará estreita ligação com o que está escrito na Bíblia. Não pretendo me afastar um único ponto do livro sagrado; se está escrito, será assim. Meu coração deve ser fiel à confiança que Deus deposita neste servo.

Ela se aproximou com ternura e, numa atitude de dedicação, começou a massagear os ombros do marido. Diante das mãos delicadas e habilidosas da esposa, Saul experimentou agradável sensação.

— Estarei ao seu lado, meu amor... Seguirei seus passos como alguém que zela por sua missão, que sempre reconheci existir. Precisamos ser fiéis a Deus e à nossa consciência.

— No próximo domingo, celebrarei o culto como novo líder e será de grande importância que minha pregação reflita o Evangelho em sua pureza.

— Tenho certeza de que estará inspirado pelo alto...

Ele se levantou e beijou Sarah na boca.

As horas se perderam na noite de amor.

CAPÍTULO 2

TRÊS ANOS DEPOIS

A ascensão de Saul foi meteórica, como se previa.

Ele surgia no cenário nacional como grande referência, pois, além de ser jovem, estampava o estereótipo de felicidade que muitos desejavam alcançar.

Embora seu discurso fosse fiel ao que estava escrito na Bíblia, a ideia era passar uma imagem de tolerância para a sociedade.

Saul viajava por todo o país, pois precisava alimentar os outros polos da igreja com seu entusiasmo.

Após passar uma semana fora de casa, Sarah o aguarda ansiosamente no saguão do aeroporto.

Ao vê-la, ele sorriu acolhedoramente.

Ela não conseguia se conter e, a passos rápidos, foi na direção do marido.

Transbordando sorrisos pelos lábios e pelos olhos, ela se atirou no pescoço de Saul, que, sem graça, procurava ser mais comedido.

— Está tudo bem? – ele indagou assim que ela se desprendeu do seu pescoço.

— Sim... – ela confirmou de sorriso escancarado. – Sim, papai!!!

Ele ouviu um tanto perplexo as palavras de Sarah, e indaga:

— O que você está querendo me dizer?

— Estou te chamando de papai... – ela disse acariciando o ventre.

Num gesto inesperado, ele se atirou nos braços dela e a ergueu do chão, girando Sarah no ar, para espanto dos que estavam ali.

Algumas pessoas filmaram aquela demonstração espontânea de amor entre o casal, chegando a postar a cena em redes sociais.

No trajeto, do aeroporto até chegarem em casa, a emoção era incontida.

Saul chorou, sorriu e fez preces agradecendo a Deus pela chegada do bebê.

Ele cercou a esposa de cuidados. E dizia que um anjo de Deus vinha abençoar seu lar.

Entre abraços, lágrimas de alegria e sorrisos, o casal experimentou a emoção que a gravidez proporciona num lar.

Daquele dia em diante, Saul pareceu estar ainda mais inspirado.

Suas pregações comoviam os corações, fosse na igreja, através da TV ou nos programas de rádio.

As pessoas diziam que ele era um homem de Deus, e que o Criador falava com os homens por seus lábios.

Acompanhando as imagens pela televisão, Sarah acariciava a barriga e dizia ao filho, que se chamaria Daniel:

— Papai nos enche de orgulho...

*

Na sala de espera da maternidade, o médico abre a porta e imediatamente Saul se levanta num salto:

— E então, doutor?

— É um belo e saudável menino, parabéns!

Os olhos de Saul revelam a emoção que lhe vai na alma. Virando-se para as pessoas e os familiares que o acompanhavam, ele fala com emotividade:

— Daniel nasceu para minha alegria e glória de Deus!

Da ansiedade de minutos antes, o ambiente se transforma na alegria incontida de agora.

Abraços, felicitações e lágrimas compõem o quadro envolvente.

— Quando poderei estar com minha esposa e com meu filho?

— Acompanhe-me... – diz o médico.

Entregam a Saul as flores previamente encomendadas.

Com um sorriso nascido na alma, ele vai ver a esposa e contemplar o rosto de Daniel.

Saul é conduzido ao berçário e, encostando a face no vidro, procura avidamente identificar o rosto do filho.

— São todos tão parecidos, onde está o meu menino?

O médico ao seu lado sorri e no interior do berçário a enfermeira apanha um pequeno pacote enrolado em pano e o aproxima do vidro, para delírio do pai.

— Ele é bem saudável, nasceu com 3,480 quilos e 51 centímetros.

— Vou honrar a confiança de Deus e educar esse menino com todo meu amor!

Ao chegar ao quarto, Saul é avisado que precisaria aguardar por mais algum tempo, pois Sarah estava em observação, que era um procedimento natural, e em mais alguns minutos seria conduzida ao quarto.

Saul ajeita as flores em um vaso, liga e desliga a televisão, vai ao banheiro, volta a ligar e a desligar a televisão, toma água. Quando ia abrir a porta para se dirigir ao corredor, uma enfermeira abre a porta do quarto e Sarah chega carregada na maca.

Ela está acordada, com os olhos bem despertos.

Assim que os olhos dela identificam a presença do marido, um sorriso nasce na face, um tanto debilitada, mas que reflete o brilho esperançoso de sempre.

Ele segura na mão dela e a beija com carinho.

As auxiliares colocam a maca em posição paralela à cama e, segurando pelo lençol, transferem Sarah para o leito.

Acomodam a paciente da melhor maneira e se retiram, mas antes dão as informações necessárias e os cuidados a serem seguidos.

A sós, os pais de Daniel se entregam à emoção.

— Eu o vi! – Saul afirma.
— Eu o senti junto ao meu seio – Sarah diz emocionada.
— Ele é saudável.
— É o presente que sempre pedi a Deus para te entregar.
— Querida, te amo!

Depois de duas horas, Daniel chega ao quarto e ilumina o ambiente com sua presença.

Os presentes começam a chegar.

A família comparece.

Os primeiros registros são feitos.

CAPÍTULO 3

NOVOS PERSONAGENS

Da sala de seu apartamento, um homem bem-vestido disse suas últimas palavras ao telefone:

— Obrigado por me avisar! Vou imediatamente ao hospital. Parabéns Saul, depois de tanta espera vou conhecer o Daniel. Vou me aprontar e em minutos chego aí.

— Antônia... Antônia... – ele chamou impaciente.

— Já vou... – respondeu a mulher.

— Não posso demorar, preciso ir até a maternidade.

— Mas o que aconteceu? A criança nasceu, Valério?

— Sim, nasceu... e, como auxiliar direto do irmão Saul, devo estar presente nesses momentos. É importante para o meu futuro.

— Calma, eu vou com você! Também é importante, pensando em nosso futuro, que a sua esposa esteja ao seu lado.

— Então, não demore. Vou trocar de camisa.

— Não vou demorar. Vista-se logo.

Não demorou muito tempo para que Antônia e Valério estivessem dentro do carro na direção da maternidade.

— Você devia estar ao lado dele na hora do nascimento da criança, sabe como é, esses momentos marcam e quem presencia um acontecimento como esse jamais será esquecido.

— Eu sei, Antônia, sempre estive ao lado do irmão Saul em todos os momentos importantes.

— Mas hoje não esteve... – ela falou em tom desagradável. – Precisamos pensar no seu futuro!

— Meu futuro é permanecer ao lado do meu primo Saul, não almejo mais nada.

— Como não almeja mais nada? Até quando você irá se conformar em ser apenas um ajudante dentro da igreja?

— Antônia, eu não sou apenas um ajudante, sou bem remunerado e retribuo com muita dedicação; além do mais, gosto muito do meu primo Saul, porque ele sempre nos ajudou nos instantes mais difíceis da nossa vida.

– Você não percebe que nasceu para ser um líder? Nunca se deu conta que seu potencial é imenso, talvez maior que o de seu primo?

— O que é isso, Antônia, está ficando louca?

— Não, não estou louca, apenas enxergo que sua capacidade vai muito além da condição de um ajudante do irmão Saul. Sua fala é tão envolvente quanto a dele, mas está escondida na condição de uma subserviência cega.

— Não quero falar sobre esse assunto – Valério afirmou enquanto manobrava o carro no estacionamento do hospital.

— Sou sua mulher e posso falar a verdade, mostrando que você também pode ser um líder da nossa igreja.

Antônia silenciou, mas percebeu que o marido ficou incomodado com suas palavras.

Ela sabia que Valério também era ambicioso e precisava despertar para os próprios interesses na convivência com os membros influentes da igreja.

De presente nas mãos, que Antônia já havia adquirido dois meses antes, Valério bateu à porta do quarto e ouviu a voz do primo autorizando a entrada.

— Parabéns, papai e mamãe! – Antônia falou com sorriso estudado na face.

Sarah estava acomodada em uma poltrona e, com Daniel no colo, já sofria as primeiras ardências no seio para que o bebê aprendesse a sugar o néctar da vida.

Valério abraçou Saul com respeito e carinho.

A conversa entre os dois casais girou em torno das amenidades de um evento como esse.

Saul confidenciou ao primo todos os planos para o futuro.

Pretendia educar o filho sob a égide da vida cristã.

Daniel seria um continuador da sua missão.

— Você sabe o que significa o nome "Daniel"?

— Não sei, Saul...

— Daniel significa: "Deus é o meu juiz".

— Muito bonito esse significado.

— Valério, me perdoe falar em trabalho num momento como esse, mas minhas obrigações se encontram no mesmo patamar dos meus compromissos familiares. Portanto, preciso saber se você enviou os documentos para nossa igreja em Angola, como lhe pedi. Conseguiu enviar?

— Peço que me perdoe Saul, perdi o horário de envio.

— Que irresponsabilidade é essa? – Saul perguntou em tom agressivo, chamando a atenção das duas mulheres.

Valério sentiu-se constrangido.

— Era muito importante que os documentos chegassem na data prevista. Sua negligência pode afetar nossas primeiras ações para a implantação da nossa igreja em território africano!

— Per... doe... – Valério balbuciou. – Peço perdão!

— Seu pedido de perdão não fará com que os documentos cheguem no destino.

O ambiente tornou-se desagradável.

— Ele já se desculpou, Saul, e nesse momento não cabem as discussões profissionais – Sarah procurou amenizar o mal-estar.

Antônia olhou para o marido, que baixou a cabeça, envergonhado.

Alguns minutos se passaram até que Valério se despediu e, no instante em que se encaminhou para a porta, voltou-se para Saul e falou constrangido:

— Me perdoe, sinto muito...

A atitude humilde de Valério não foi suficiente para sensibilizar Saul, que, contrariado, tentou sorrir.

Assim que o veículo se pôs em movimento, Antônia aproveitou para induzir o marido a tomar uma nova atitude em sua vida dentro da organização religiosa.

— Você precisa acordar, ele não precisava falar daquele jeito na nossa frente. Ele não é líder coisa nenhuma. A verdadeira liderança respeita seus liderados, que não é o que acontece.

— Por favor, Antônia, não quero falar sobre esse assunto!

— Mas isso não pode ficar assim...

Grossas lágrimas escorreram pela face de Valério, e Antônia se cala por alguns instantes.

— Ele não é uma má pessoa, não age assim no dia a dia.

— Ele só precisa te respeitar, Valério, nada mais! Acorde para a força que carrega dentro de si. Você é muito melhor do que ele!

As palavras da esposa tinham a força de fazê-lo pensar de maneira diferente.

Valério nunca havia pensado, muito menos imaginado a remota possibilidade de atuar de outra maneira nos serviços da igreja.

Nesse momento, o celular tocou, era Saul.

Valério atendeu no viva-voz e continuou dirigindo.

— Valério... gostaria de pedir sua colaboração, pois pretendo ficar ao lado de Sarah até domingo.

— Em que posso ajudar? – Valério se mostrou solícito.

— Desejo que assuma a pregação no próximo domingo. Sarah me convenceu disso e quero atender à sugestão da minha esposa. Você pode me substituir?

Antônia sorriu de maneira entusiasmada e disse baixinho no ouvido do esposo:

— É a sua chance!

— Eu aceito, Saul!

— Ótimo, vou me dedicar a Sarah e a Daniel, mas vou acompanhar a pregação pela televisão. Mantenha-me informado sobre tudo, obrigado!

Assim que Valério desligou o telefone, Antônia explodiu em comentários:

— Chegou a sua vez, estude e se prepare para tocar o coração das pessoas. Se você deixar a alma falar na pregação, terá conquistado seu espaço definitivamente na igreja e poderá alçar novos voos na organização.

A cabeça de Valério era um redemoinho de tantos pensamentos que se chocavam.

Uma emoção jamais experimentada envolvia seu coração diante das reais possibilidades de se viver um tempo novo.

Será que minha esposa tem razão?, pensou.

CAPÍTULO 4

ARMADILHAS

Valério se saiu muito bem na pregação do domingo.

Saul acompanhara tudo pela televisão e sensibilizou-se com a mensagem pregada por seu auxiliar.

No dia imediato, ele buscou Valério para uma conversa, quando lhe ofereceu novas e maiores oportunidades para servir à "causa cristã".

Se desejasse, Valério poderia assumir a direção de uma das unidades estaduais da igreja.

Feliz pelo reconhecimento e após uma conversa com Antônia, ele aceitou a nova responsabilidade e partiu para um estado do Nordeste a serviço da organização.

O tempo foi passando e Saul sentiu o respeito crescer em torno das suas ações.

Com o apoio da maioria do conselho, ele conseguiu afastar o decano da igreja, ganhando ainda mais poder.

A igreja assumia de fato um novo perfil, muito mais arrojado.

Entretanto, era preciso crescer mais, levar a religião na qual acreditava para o centro do poder do país.

Era preciso transformar a sociedade brasileira e, para isso acontecer, a organização precisava ter acesso ao centro do poder: Brasília.

Com os recursos conseguidos com os fiéis, e com um discurso de combate às enfermidades morais que se esparramam sobre a sociedade, era necessário criar um grupo de políticos fiéis à defesa da moral e da família.

A estratégia era perfeita e, nos bastidores da igreja, Saul articulava os nomes que deveriam ser eleitos a serviço da organização.

Não faltaram estratégias, a começar pelo discurso nos púlpitos, pedindo votos para os defensores da religião, que era a única verdade propalada.

Criou-se então uma bancada de religiosos que tinham força o suficiente para aprovar e rechaçar novas leis de acordo com a conveniência dos dirigentes.

Comentava-se que Saul obteria uma vitória esmagadora nas próximas eleições.

O desencanto popular e a falta de referências que garantissem credibilidade aos políticos facilitariam a vitória de Saul.

De longe ele acompanhava o excelente trabalho realizado por Valério.

Os dados que chegavam até ele deixavam claro que Valério era a grande liderança da igreja na região nordestina.

Para os altos voos na direção do poder do planalto central, Saul necessitava de pessoas fiéis ao seu lado, e Valério era uma dessas raras pessoas.

Sem perda de tempo, Saul convocou o ex-auxiliar para uma reunião em São Paulo, no escritório central da organização.

Para sua surpresa, Valério informara-o de que chegaria a São Paulo no dia imediato, pois visitaria a família e aproveitaria para comemorar o aniversário da sua filha, Raquel, que havia nascido logo depois da mudança para o Nordeste.

A menina era um ano mais nova que Daniel, que tinha acabado de completar sete anos de idade.

— Venha com Sarah para o aniversário de nossa filha. Antônia e Raquel ficarão muito contentes.

— E quando será a recepção?

— No sábado, às dezoito horas! Depois de cantarmos parabéns e apagarmos a velinha, nós poderemos conversar com tranquilidade.

— Perfeito, Valério! Temos muito que conversar e comemorar; todavia, antes mesmo do nosso encontro, gostaria de te parabenizar pelo excelente trabalho de divulgação do Evangelho e também pelo aumento expressivo da arrecadação da igreja no Nordeste.

— Ora, meu amigo, aprendi com você, Saul. Quando tocamos os corações, os bolsos se abrem mais facilmente.

— Nos veremos na noite de sábado.

— Combinado!

*

— Saul, nem acredito que iremos ao aniversário da Raquel, só a conheci por meio das fotos que Antônia me enviou. A vida atribulada nos afastou durante esses últimos anos.

Saul ouvia a esposa, mas sua cabeça estava em outro lugar. Os olhos percorriam todo o ambiente, mas sua atenção estava longe dali.

Ele despertou de suas elucubrações quando o filho entrou correndo e o chamou:

— Papai... papai... – dizia a criança enquanto puxava o pai pela mão. Vamos brincar?

— Eu não posso agora, Daniel, papai está conversando com a mamãe e não tem tempo.

O menino foi para o lado da mãe. Sarah reclamou com Saul:

— Você não dá atenção ao pequeno Daniel. Sei que suas atividades têm lhe tomado muito tempo, mas o menino precisa da sua presença.

— Estou cuidando do futuro dele e não tenho como jogar bola ou fazer outra coisa qualquer.

— Saul, a vida não é só trabalho, sua família precisa de você.

O menino se afastou para o jardim da casa e Sarah prosseguiu:

— Eu preciso de você, sinto sua falta, quero seu amor.

— Contente-se com o que tenho para lhe dar, e trate de me obedecer, pois está escrito que a mulher deve ser submissa ao homem.

— Está escrito que o homem deve cuidar da sua esposa e de toda sua família!

— Onde está escrito isso, Sarah?

— Deveria estar escrito na sua consciência, porque a família não é adorno para a vida de líderes religiosos ou políticos. Deus não ensinou o esquecimento da família, pelo contrário...

— Chega, Sarah! É tudo que tenho para lhe oferecer. Venho me dedicando muito ao crescimento da mensagem de Deus, à melhoria das nossas igrejas.

— Seu filho vive sozinho, tem apenas a minha companhia. Outro dia na escola, em uma das festividades do calendário escolar, todos os pais estavam presentes, menos você! Eu era a única mulher no meio de tantos homens, me senti constrangida. Já te avisei tantas vezes dos convites que nos chegam para a escola, mas, devido à sua indiferença, até parei de te falar.

Saul se deu conta da grande realidade da qual sua mulher se queixava.

Não custava nada ir à escola do filho.

Certamente isso faria toda diferença para o menino.

Refletindo sobre aquela desagradável situação, ele pediu:

— Você pode me avisar do próximo evento da escola para que eu possa me programar e participar?

— Não acredito que você vai estar conosco, porque a reunião na escola é amanhã cedo.

— Nossa! Amanhã pela manhã tenho uma importante reunião com o conselho da TV.

A decepção estava estampada nos olhos de Sarah.

Saul sentiu-se constrangido diante do abandono a que relegara sua esposa e seu filho.

Ele pegou o telefone e ligou para sua secretária pedindo o adiamento da reunião.

Sarah não conseguia acreditar nas palavras dele.

— Pronto, Sarah, reunião adiada, amanhã a reunião mais importante será a da escola do meu filho.

Numa ação espontânea, ela se atirou em seu pescoço e agradeceu em nome do filho:

— Não vou dizer a ele que você vai. Faremos uma bela surpresa. Obrigada, querido! O Daniel precisa muito da sua presença na vida dele. Na verdade, ele vem apresentando alguns problemas...

— Que problemas? Se é de saúde você sabe que podemos pagar os melhores médicos, não sabe?

— Sua pouca presença em casa não permite que você perceba o que está se passando com Daniel.

— Você quer me contar, Sarah?

CAPÍTULO 5

DESCOBERTAS

— Prefiro não comentar, quem sabe você percebe alguma coisa, talvez seja uma cisma da minha parte.

— Falando assim, você me preocupa!

— Não precisa se preocupar, Daniel ainda é uma criança e, como eu disse antes, pode ser apenas uma cisma da minha parte. Você sabe como são as mães, não é?

— Está certo, mas, seja como for, vou prestar mais atenção nele.

Após um breve instante de silêncio...

— Estou animado para a reunião com o Valério. Ele será muito útil aos novos projetos da nossa organização. Pretendemos mudar muita coisa na sociedade, a começar pelas escolas. Precisamos demonstrar às pessoas que somos contra essas aberrações comportamentais, dessa gente doente dominada pelo diabo.

— Você fala sobre o que ou quem?

— Eu me refiro a esses demônios enrustidos que infestam nossa sociedade de promiscuidade. Esses gays, lésbicas e toda essa nojeira imoral.

Sarah inquietou-se com as palavras do marido e ele percebeu.

— Aconteceu alguma coisa?

— Não, está tudo bem, é que essa conversa me incomoda um pouco.

— Eu entendo, toda pessoa normal sente uma grande repulsa em relação a esses comportamentos equivocados. Já disse aos meus assessores que, se nossos projetos derem certo, iremos abrir uma frente de moralização em nosso país. E todo gay ou lésbica, seja lá o que for, deverá ser tratado como pessoa doente.

— Talvez você precise ler mais a respeito do assunto, porque as suas ideias vão contra o que a própria Organização Mundial da Saúde esclarece hoje em dia.

— Conversa fiada. São defensores dessa pouca vergonha, querem transformar o mundo numa Sodoma e Gomorra e destruir as famílias. A nossa igreja jamais aceitará essa realidade do demônio.

— Você será tachado de homofóbico.

— Não estou entendendo seu discurso, afinal, você está a meu favor ou contra mim? E me parece que está muito bem informada. Por acaso, anda lendo sobre esses assuntos?

Sarah mal disfarçou o desconforto, e tentou se explicar:

— Tenho acompanhado novelas e noticiários. E esses temas são recorrentes hoje em dia. Fico muito tempo sozinha e a TV tem sido minha maior distração nas noites de solidão. Acredito que seria muito importante você se informar mais sobre esses temas, porque muita gente fala sobre o assunto, mas poucos conhecem de fato o que se passa.

— Não existe outra forma de se interpretar esses comportamentos depravados. Deus criou o homem e a mulher e nada pode existir fora da criação Dele. Todo aquele que não obedecer à natureza criada por Ele será castigado no inferno.

O semblante de Sarah tornou-se carregado e ela silenciou.

— Não abrirei mão da bandeira da moralidade – ele prosseguiu. – Este país precisa de pessoas sérias e honestas na condução do destino da população.

— Este país precisa de gente série e honesta com ações tolerantes.

— A tolerância pode ser confundida com omissão e cumplicidade.

Daniel chegou sorrindo e abraçou a mãe.

— Não vai abraçar o papai? – Saul perguntou.

O menino se aninhou ainda mais nos braços da mãe.

— Não vai abraçar o papai?

— Você precisa ficar mais em casa, Saul. Seus compromissos estão afastando seu filho de você. A pouca convivência nos torna estranhos uns para os outros. Quando o Daniel sofre as dores inerentes à sua condição infantil, ele precisa de referências que lhe tragam segurança. O mundo é hostil e todos necessitamos nos sentir seguros emocionalmente, imagine então uma criança. Ele só tem a mim. O pai dele vive dentro dos aviões.

Saul não tinha se dado conta do quanto estava afastado da família.

As palavras de Sarah caíam como dura realidade.

O mundo o levava para longe do lar, afastando-o da família cada dia mais.

Agora que a vida lhe exigia grandes desafios, o que fazer para atender ao mundo e se manter próximo da família?

Ele bocejou, pois o cansaço estava vencendo suas resistências físicas e o corpo pedia descanso.

— O quarto está pronto, tome um banho e vá descansar!

Saul se ergueu e se aproximou de Sarah, que segurava a mão do filho. O menino tinha acabado de abraçar a mãe. Ele tinha sete anos. Difícil ela manter um garotão desse tamanho no colo. Ela imaginou que ganharia um beijo apaixonado como nos melhores dias, mas Saul passou por ela e, afagando os cabelos do filho, seguiu para o quarto.

Ela levou Daniel para o quarto. Depois de vestir o pijama do menino, deitou-se ao seu lado e lhe contou uma história.

Vencida pelo cansaço, Sarah adormeceu ao lado do filho e apenas de madrugada se deu conta de que havia dormido com Daniel. Então, depois de cobrir os ombros do garoto, ela se dirigiu para o quarto do casal.

*

A mesa do café estava pronta. Sarah e Daniel aguardavam Saul sentar-se à mesa para comerem juntos.

Ajeitando o paletó, ele pegou um biscoito, passou a mão na cabeça do filho e saiu.

Sarah não conseguiu conter as lágrimas diante da falta de comprometimento de Saul com a vida do filho. Ele foi trabalhar, esquecendo-se da reunião da escola da qual havia prometido participar.

Ela percebia claramente que sua família estava sendo engolida pelo mundo.

O marido que ela tanto amava se distanciava mais e mais.

Os hábitos simples de outrora foram deixados de lado, a oração singela antes das refeições foi esquecida.

Que refeições?

Muitas vezes, Saul ligava da rua para dizer que viajaria diretamente do escritório, sem passar em casa, e ficaria fora por uma semana.

Aqueles compromissos estavam longe da ideia de uma vida cristã na qual ela acreditava.

O poder havia transformado e levado seu marido embora.

Agora Saul não tinha tempo para cuidar de poucos, e isso incluía a esposa e o filho, ele era requisitado para cuidar de muitos.

Depois do banho matinal, Sarah se arrumou para ir à reunião da escola do filho.

A campainha da casa tocou e ela pôde ver o motorista do marido.

Ela o atendeu e ele a notificou que estava ali para levá-la à reunião da escola do filho.

Sarah olhou para aquele homem e sorriu sem graça.

Saul não havia esquecido, como ela havia imaginado; na verdade, ele deu preferência para as coisas do seu trabalho, sem se preocupar com o filho.

O motorista foi dispensado e ela foi dirigindo para o colégio.

No trajeto, Sarah olhava pelo retrovisor para o filho e se detinha nos gestos simples e delicados do menino.

A percepção dela aumentava quanto à realidade da criança.

A distância até a escola foi vencida e, de mãos dadas, mãe e filho adentraram o colégio.

No pátio da escola, Daniel se desvencilhou da mãe e correu na direção dos colegas.

Sarah prestou atenção e viu que ele ficava junto das meninas.

Ensimesmada, ela ficou observando tudo por alguns minutos, até que as crianças foram encaminhadas para as respectivas atividades e os pais, conduzidos para a sala onde se daria a reunião.

A orientadora chamou Sarah, pedindo que ela a acompanhasse para uma outra sala, onde pudessem falar em particular.

— Por favor, sente-se – a educadora pediu com generoso sorriso. – Precisamos conversar em particular.

— Aconteceu alguma coisa?

— Não aconteceu nada de especial, mas precisamos conversar sobre seu filho. Peço que compreenda que a minha fala é fruto da nossa observação como educadores, e a excelência do nosso trabalho se deve justamente ao fato de acompanharmos muito de perto nossos alunos.

— Compreendo...

— Seu filho é um menino muito sensível e inteligente.

— Por favor, pule essa parte que eu já sei, vamos direto ao assunto.

— Certo – a coordenadora ajeitou-se na cadeira e prosseguiu:

— Daniel é sensível acima da média, e ele opta sempre pelo mundo feminino. Prefere estar em companhia das meninas. Quer brincar com elas, usar o banheiro delas e se vestir como elas.

Sarah permaneceu em silêncio e a educadora prosseguiu:

— Estamos preocupados com a atitude dos meninos que já começam a perceber e a rir do seu filho. Não sabemos como ele se porta em casa, e a escola tem todo o interesse em agir com a família para preservar e proteger o Daniel. Por isso, quis falar em particular com a senhora.

— Meu Deus! – Sarah deixou escapar essas duas palavras num suspiro. – Eu já havia percebido em algumas situações pontuais que o Daniel era diferente. O pai encheu o quarto dele de jogos que os meninos adoram, mas Daniel nunca quis saber. A primeira situação que testemunhei do comportamento dele que chamou minha atenção foi quando o Daniel queria colocar um vestido no boneco Hulk. Ele pegou um lenço do pai e improvisou o vestido. Naquela hora tocou um alarme dentro da minha cabeça, eu fiz de tudo para me enganar, mas a cada dia a situação se torna mais clara diante dos meus olhos. Já chorei muito, já me perguntei por que ele é assim, mas não encontro respostas, o que sei de verdade é que o meu amor por ele é imenso.

— É isso que importa, é disso que ele vai precisar quando o mundo cruel e preconceituoso o julgar e tentar machucá-lo. A escola não é contra nada, mas diante de uma sociedade como a nossa, precisamos estar unidos para cuidar da educação do Daniel.

Por um instante Sarah pensou em Saul e não conseguiu imaginar as lutas que enfrentaria com o marido.

— Senhora Sarah, ouviu o que eu falei?

— Perdão, por um instante me desliguei e pensava na reação do pai quando souber da condição do filho. Daniel nasceu assim, e, como eu acredito num Deus justo, só Ele é capaz de saber o porquê de o meu filho ser desse jeito.

A conversa se prolongou por algum tempo, e no final elas combinaram de ir ajustando as coisas conforme a situação se desenvolvesse.

A direção da escola se comprometia a tratar Daniel como toda e qualquer criança, pois ele era um garoto como os outros, tendo suas especificidades como os coleguinhas as tinham em outras situações.

Sarah voltou para casa e refletiu muito sobre tudo, mas ela decidiu procurar ajuda de profissionais da área do comportamento humano.

Durante o dia, Saul telefonou para lhe pedir que comprasse um presente para a filha de Valério e Antônia, com quem se encontrariam no dia seguinte.

CAPÍTULO 6

PARCERIA

No automóvel luxuoso, Saul consultava seu celular, enquanto Sarah ia ao lado de Daniel.

Em alguns momentos ela fazia algumas brincadeiras e o menino caía na gargalhada.

E, mais de uma vez, Saul pediu silêncio, demonstrando irritação com o riso do filho.

Sarah sofria e tentava disfarçar, mas essas manifestações do marido deixavam as coisas bem claras, e ela pressentia que sua família e seu casamento estavam em risco.

Ela deveria se anular e oprimir o filho para que Saul tivesse direito à felicidade que ele imaginava ser a ideal?

Esse pensamento a angustiava; afinal de contas, ela abriu mão da sua vida e das próprias realizações para apoiar o esposo, mas não imaginava que seria tão difícil.

Lidar com a indiferença e a grosseria de Saul, que aumentavam a cada dia, estava se tornando um fardo muito pesado para ela.

Sarah encontrava forças para prosseguir quando contemplava o brilho dos olhos de Daniel, um anjo que enfeitava sua vida.

Sarah não fazia ideia de que maneira a situação iria terminar, mas ela sabia que derramaria muitas lágrimas pelo fato de o filho ser como ele era.

No começo pensou em castigo, pensou até na interferência do demônio, mas se todos os demônios tivessem o sorriso de Daniel, o inferno seria um paraíso.

Embora ela estivesse presente em muitos eventos ao lado do marido, sua vida era de profunda reclusão e, de uns tempos para cá, até um segurança foi contratado para acompanhar Sarah no dia a dia.

A liberdade de andar por onde quisesse não existia mais, a vida de Daniel tolheu a dela, e cada vez mais Sarah questionava-se sobre tudo que acontecia.

Saul havia se transformado aos olhos de Sarah. Ali estava ele ao seu lado, usando roupas caríssimas, o cabelo impecavelmente alinhado. Era outro homem.

Lembrou-se do dia em que fora sem avisar ao escritório do marido e a porta estava trancada.

Na antessala, a secretária não se encontrava e ela caminhou com liberdade até a porta, onde bateu três vezes.

Conseguiu ouvir a voz do esposo, que reclamava pelas batidas inoportunas.

Assim que a porta foi aberta, ela viu sair uma mulher belíssima, que era a nova secretária de Saul.

O evento foi constrangedor, pois a mulher indagou a ela:

— A senhora não pode vir até aqui sem ser anunciada...

— Sou a esposa do Saul...

A secretária ruborizou-se, sem graça.

— Mas, o que você faz aqui, Sarah? – Saul indagou sem sair de trás da mesa.

Naturalmente a secretária pediu desculpas e se retirou.

— Pensei que eu pudesse fazer uma visita surpresa, te convidar para o almoço, já que o Daniel fica na escola nesse período. Quis fazer algo diferente, mas vejo que fui imprudente.

— Não é isso, Sarah... – ele tentou argumentar –, é que minha agenda está cheia... me desculpe!

Sarah correu os olhos pelo escritório e surpreendeu-se com o luxo.

A decoração era impecável, quadros e peças requintadas pela sala.

Na parede, atrás da poltrona confortável onde Saul se sentava à mesa, havia a imagem de Jesus com a mão estendida a um sofredor.

A imagem de Cristo contrastava com todo o luxo do ambiente.

Sarah olhou para o marido, olhou para o quadro de Jesus e indagou:

— É aqui que você trabalha em nome Dele?

Ela foi expulsa de suas lembranças quando Saul tocou seu braço, dizendo:

— Chegamos!

Ao sair do carro, Valério, Antônia e Raquel os aguardavam com efusivas demonstrações de alegria.

Todos se abraçaram, e rapidamente Raquel saiu correndo, levando Daniel pela mão.

— Que alegria recebê-los aqui! Há quanto tempo! – Valério saudava Saul com lágrimas nos olhos.

Antônia e Sarah se abraçaram e de braços dados deixaram os dois amigos em conversação animada.

— Podemos ir para o escritório?

— Claro, Saul, venha comigo!

— Serei breve, porque sei que seus convidados necessitam da sua atenção.

— Não se preocupe, Deus nos contratou em tempo integral para o serviço de divulgação do Seu Evangelho.

Chegando ao confortável escritório, Saul disse:

— Em primeiro lugar, desejo te parabenizar pelo excelente trabalho que vem realizando no Nordeste. Tenho acesso aos gráficos e às metas. É surpreendente como a arrecadação cresceu nas igrejas da nossa organização, principalmente nas capitais nordestinas. O número de fiéis também cresceu muito.

— Temos que agradecer ao nosso principal aliado. – Valério disse com um sorriso.

— Não entendi...

— Ora, Saul. Nosso maior aliado tem sido a péssima administração do nosso país, o Governo tem tirado todas as esperanças e expectativas de um futuro melhor que o povo queira ter. A desesperança cresce a cada dia e as pessoas têm necessidade de se agarrarem em alguma coisa, e o ópio do povo é a religião. Quanto mais apresentarmos para o povo uma mensagem messiânica, que os impeça de pensar, mais a nossa organização crescerá. Não dá para dissociar miséria de religião, mau governo de milagres. O povo precisa de uma porta, e nós oferecemos a salvação.

As palavras de Valério surpreendiam Saul, mas o deixavam confortável para poder abrir os novos objetivos da cúpula administrativa da igreja.

— Tem toda razão, Valério. Por isso mesmo, é chegado o momento de avançarmos em direção ao poder. Precisamos conquistar mais espaço no centro de comando do país. Estou aqui hoje para te pedir para trabalhar ao meu lado no lançamento da minha candidatura ao legislativo estadual e posteriormente a outros cargos na carreira política. Vamos levar Jesus para o Palácio do Planalto.

— Que boas notícias são essas? Não foram poucas as vezes, ao percorrer os estados do Nordeste, que pensei nessa possibilidade. Em minha mente não existia um rosto definido para nos representar, mas agora vejo que você seria a melhor pessoa para conquistar esse espaço para nossa organização.

— Isso significa que voltaremos a trabalhar juntos, Valério?

— Depende...

— Do quê?

— Depende das condições que me serão oferecidas.

— Quais seriam as condições ideais para você?

— Dividir contigo a nossa igreja sede, participar dos programas de TV e de tudo que você achar justo.

— Eu já tinha pensado em lhe oferecer algumas vantagens, que no nosso caso é aumento de trabalho.

— Estou pronto e ansioso para te ouvir.

— Você irá assumir a nossa sede, inclusive os cultos. Só vai pregar quem for escolhido por você. Dividiremos os programas de TV por dias da semana, você fala em alguns, e eu falo em outros dias. Preciso de aparições pontuais na sede principal. Seus proventos sofrerão um reajuste de quarenta por cento. Além disso, o aumento da sua projeção nos meios de comunicação da igreja faz parte da nossa programação em levá-lo para o centro do poder em nosso país. Eu irei na frente, mas você terá que me acompanhar no futuro. O que me diz?

— Quando é que eu começo?

Os dois caíram na gargalhada.

— É claro que seu convite é irrecusável, Saul, mas me dê até amanhã para que eu possa conversar com Antônia, temos esse compromisso como casal.

— Valério, você sabe melhor que eu, está escrito que a mulher deve ser submissa ao homem, mas entendo sua posição. Eu te aguardo no escritório para traçarmos os planos iniciais do nosso projeto.

— Perfeito! Vamos cumprir o social agora.

Abraçados, eles saíram do escritório e se juntaram aos outros convidados.

Daniel brincava com as outras crianças e Sarah o observava de longe.

— Ele está feliz? – perguntou Saul.

— Neste momento, sim – ela respondeu ao marido.
— E você, está feliz?

Sarah olha nos olhos de Saul e falou com certa amargura:

— Não, eu não estou feliz!

— Eu dou tudo que uma mulher pode desejar e ainda assim me diz que não está feliz?

— O que você sabe sobre o desejo de uma mulher? Acredita que todas querem apenas vestidos, joias, dinheiro e projeção social?

Saul engoliu em seco a resposta da mulher.

— Nós perdemos a nossa essência, Saul. Nossos sonhos mais simples se perderam pelo caminho. Não fazemos mais amor, nem ao menos nos beijamos. Você não vive em casa, não liga para o seu filho e me pergunta se eu estou feliz? Não meça a sua felicidade vazia pelo que as outras pessoas entendem por felicidade. Você está longe de Deus!

— Você está delirando. Longe de Deus? Não tenho feito outra coisa a não ser trabalhar para Ele.

— A igreja também perdeu a própria essência, afastou-se da mensagem cristã. Tornou-se um império que tem Jesus como garoto-propaganda.

— Cale sua boca! Satanás está falando através de você! Está escrito que toda mulher deve obedecer ao marido.

— Sempre enxergamos as letras que atendam às nossas conveniências e é isso que você lê sempre.

Daniel aproximou-se correndo e atirou-se nos braços da mãe.

— Vem com o papai, filho!

O menino beijou a mãe, ignorou o pedido do pai e saiu pulando para se juntar a outras crianças.

Saul se virou para a esposa e falou, tentando se recompor:

— Querida, sua presença em minha vida é muito importante. Daremos novos passos na expansão das ideias cristãs e eu necessito que esteja do meu lado.

Ele pegou na mão dela procurando manifestar ternura no gesto.

Sarah se virou para o esposo e comentou, com certa melancolia:

— Saul, venho me esforçando para atender ao que espera de mim, mas infelizmente não sinto sinceridade na sua voz. Tudo soa, em suas palavras, como o desejo de apenas ter poder. Precisamos, eu e seu filho, ver de novo o Saul dos primeiros tempos, porque parece que ele se escondeu por aí e não sabemos onde.

— Vamos cantar parabéns? – Antônia se aproximou convidando o casal para o momento tão aguardado pelas crianças.

A alegria tomou conta de todos os corações, e a espontaneidade das crianças trouxe para o ambiente uma leveza agradável.

CAPÍTULO 7

PREGAÇÃO

Saul e a família ainda permanecem por mais algum tempo na festa.

Enquanto Daniel brinca, o casal sente-se mais à vontade pela partida de muitos convidados e aproveita para conversar animadamente com os anfitriões sobre as amenidades do dia a dia.

Valério e Saul optam por conversar entre eles, traçando novos planos para as ações da organização.

Antônia e Sarah comentam sobre a escola e a educação dos filhos.

— Farei a pregação no domingo com você – Saul combina com Valério. – De certa forma, já estarei te passando o bastão.

— Ainda não falei com Antônia, mas não vejo problema pela frente. Na verdade, ela vem me pedindo para voltarmos a viver aqui.

A esposa de Valério não se dá conta de que o marido faz referência a ela na conversa com Saul.

— Pretendo embasar minha fala na parábola do Filho Pródigo, o que acha?

— Escolha maravilhosa. Na minha opinião, é uma das mais belas passagens do Evangelho.

— Ótimo, Valério, prepare-se então para o grande momento.

— Terei de comunicar os dirigentes em nossa igreja no Nordeste.

— Não se preocupe, faça a indicação do nome, que providenciaremos a logística para a nova realidade.

As despedidas são realizadas com entusiasmo e o "até breve" é a senha para o início de um novo momento na vida de todos eles.

*

— Querida, é uma grande oportunidade de crescimento para o meu trabalho.

— Tome cuidado com o Saul.

— Como assim? Ele sempre foi nosso amigo.

— Eu nunca confiei nele de verdade. Saul me lembra aqueles sepulcros caiados de que ouvimos falar nas pregações. A presença dele me faz mal.

— Opa! Agora sou eu quem não está entendendo o que está havendo. Você nunca falou desse jeito sobre ele.

— Nunca quis atrapalhar a amizade de vocês, mas nunca me sinto tranquila e segura na presença de Saul.

— Você está me escondendo alguma coisa?

— Claro que não, é só cisma minha.

— Tem certeza, não ficou nada lá no passado, além do que eu sabia? Você conheceu o Saul bem antes de mim.

— Não ficou nada no passado, meu envolvimento com Saul foi pura ilusão – ela falou cabisbaixa.

— Se tiver algo que tenha ficado mal resolvido entre vocês, estou pronto para ouvir.

— Esqueça, não tem nada no passado a ser resolvido, e para provar isso vou te apoiar nesses novos projetos. Acho que sou muito cismada, só isso.

Nesse momento, ela se aproxima e abraça Valério, se esforçando para disfarçar o mal-estar causado por aquele assunto.

Eles se beijam.

✳

No domingo...

O templo regurgita de frequentadores, como era de se esperar.

O acesso especial para os dirigentes da igreja está movimentado.

Carros de luxo estacionam e deixam seus ocupantes na rampa de acesso que os conduz por um túnel até o interior do templo.

Saul já está com a família.

Valério e Antônia chegam e os esposos se despedem, dirigindo-se para as atividades.

Tudo deveria começar de maneira cronometrada, pois a televisão transmitiria a pregação para todo o país e para o exterior, chegando a vários países de língua portuguesa.

Saul carrega junto ao peito a velha Bíblia que ganhou de presente ainda na sua juventude.

Os últimos detalhes estão prontos, e Saul posiciona-se para o início do culto e da transmissão.

Ao sinal do diretor do programa, ele toma um último gole de água e inicia sua fala.

Os olhos de Saul brilham de emoção, realmente ele tem grande carisma e uma eloquência invejável.

À medida que faz citações bíblicas, as pessoas são transportadas para a paisagem descrita com detalhes enriquecidos de séculos atrás.

Muitos dos adeptos da igreja se emocionam a ponto de verterem lágrimas sinceras pela força da mensagem evangélica.

Com gestos estudados, Saul modula a voz de maneira dramática, trazendo mais emotividade para os que o ouvem.

Revelando seriedade em seu semblante, inicia a leitura da sua passagem preferida do Evangelho, a parábola do Filho Pródigo:

"E disse: Um certo homem tinha dois filhos. E o mais moço deles disse ao pai: Pai, dá-me a parte da fazenda que me pertence. E ele repartiu por eles a fazenda. E, poucos dias depois, o filho mais novo, ajuntando tudo,

partiu para uma terra longínqua e ali desperdiçou a sua fazenda, vivendo dissolutamente. E, havendo ele gastado tudo, houve naquela terra uma grande fome, e começou a padecer necessidades. E foi e chegou-se a um dos cidadãos daquela terra, o qual o mandou para os seus campos a apascentar porcos. E desejava encher o seu estômago com as bolotas que os porcos comiam, e ninguém lhe dava nada. E, caindo em si, disse: 'Quantos trabalhadores de meu pai têm abundância de pão, e eu aqui pereço de fome! Levantar-me-ei, e irei ter com meu pai, e dir-lhe-ei: Pai, pequei contra o céu e perante ti. Já não sou digno de ser chamado teu filho; faze-me como um dos teus trabalhadores'. E, levantando-se, foi para seu pai; e, quando ainda estava longe, viu-o seu pai, e se moveu de íntima compaixão, e, correndo, lançou-se lhe ao pescoço, e o beijou. E o filho lhe disse: 'Pai, pequei contra o céu e perante ti e já não sou digno de ser chamado teu filho'. Mas o pai disse aos seus servos: 'Trazei depressa a melhor roupa, e vesti-lo, e ponde-lhe um anel na mão e sandálias nos pés, e trazei o bezerro cevado, e matai-o; e comamos e alegremo-nos, porque este meu filho estava morto e reviveu; tinha-se perdido e foi achado'. E começaram a alegrar-se".

A leitura com impostação de voz adequada e a beleza da passagem evangélica trouxeram ainda mais emoção para o ambiente e para a maioria dos que acompanhavam a transmissão.

Saul falava com veemência sobre a conduta dos filhos que muitas vezes não honram os pais.

Afirmava que a sociedade estava perdida, e que apenas a igreja era capaz de manter a família unida.

— Nossas famílias estão sob a ameaça das ações demoníacas perpetradas pelos gays e todas essas denominações e siglas abomináveis, como essa famigerada organização de Satanás chamada LGBT. Precisamos adotar medidas purificadoras e eu creio que Jesus pode curar essas pessoas dessa promiscuidade. Os únicos gêneros que devemos tolerar sãos os que foram criados por Deus.

Os fiéis não se continham e aplaudiam freneticamente cada frase de efeito. E ele prosseguiu:

— Somos o povo de Deus e devemos levar nossa família à Terra Prometida, que é o coração do Senhor Jesus.

Sarah ouvia todas as palavras do marido e se angustiava ao pensar em Daniel.

Ela temia pelo que o futuro reservava para sua família.

Saul prosseguiu em seu discurso por mais alguns minutos, preparando a passagem da palavra para Valério – o que foi feito com certa teatralidade.

Valério emocionou-se ao encarar todo aquele público.

Também, com muita habilidade, seguiu na mesma linha da pregação de Saul.

Com emoção na voz, Valério atacava as pessoas que entendia representar verdadeira ameaça para as ideias da igreja.

Afirmou de forma contundente que essas forças do diabo estavam ganhando espaço em partidos políticos com a intenção de erguer reinos de devassidão.

— Precisamos nos utilizar das nossas armas, como "povo de Deus", para combater a implantação do reino das trevas entre os homens. Todo gay deve ser tratado como endemoniado, pois está subjugado pelo demônio. Mas a nossa igreja enfrentará essas ameaças com a ira do Senhor. E todo o mal baterá em retirada. Os profetas se levantarão novamente e como línguas de fogo queimarão toda iniquidade.

A pregação era entusiasmada e um êxtase coletivo envolvia a todos.

E nesse clima de exaltação dos fiéis o culto foi encerrado.

CAPÍTULO 8

A PAIXÃO

Saul encontra-se confortavelmente sentado na poltrona do seu escritório quando sua secretária entra no recinto.

Ele a observa com olhos de cobiça.

Embora a organização desse preferência na contratação de pessoas que professassem a mesma fé por ela defendida, ninguém sabia que a secretária de Saul não era vinculada às mesmas ideias religiosas.

Ela era jovem e muito bonita: o vestido, embora comportado em suas medidas, ressaltava as curvas e os encantos femininos tão bem pronunciados pelo belíssimo corpo de vinte e três anos.

Os cabelos ruivos muito bem tratados a cair sobre os ombros e a boca bem delineada com discreto, porém insinuante, batom formavam um conjunto de encantadora e provocante beleza.

Desde que fora contratada, seis meses atrás, Saul incomodava-se com a presença daquela jovem.

Em seus devaneios, a mente regurgitava de pensamentos inconfessáveis que ele procurava disfarçar.

— Laura – ele diz com voz estudada. – Peça um café e volte aqui para eu lhe passar algumas anotações.

É uma quarta-feira e a agenda está tranquila.

Ele se lembra do dia em que Sarah fora ao escritório e o deixara sem graça.

Naquele dia ele havia estudado muito bem a situação, mas não contava que a esposa fosse aparecer sem avisar.

Não havia acontecido nada, mas em todos os lugares onde ia a trabalho, se fosse possível, Laura viajava com ele.

Alguns outros religiosos já haviam se insinuado com palavras discretas e elogios melosos para a secretária de Saul.

Ele se recorda que outro dirigente da organização já quisera contratá-la e, se não fosse a sua intervenção, certamente Laura teria se deixado seduzir pela proposta de um salário melhor e outras regalias.

Ela bate à porta e entra, tirando Saul de seus pensamentos.

— Estou à sua disposição...

Saul pigarreia e, no instante em que iria passar algumas instruções, batem à porta.

— É o café! – ela diz se encaminhando para abrir a porta.

A copeira entra e serve o café fumegante. Tudo é feito com muito cuidado.

— Obrigado... – ele agradece.

A copeira se retira.

— Pode fechar a porta, Laura?

Silenciosamente ela fecha a porta e se volta.

— Trancou?

— Desculpe – ela vai novamente até a porta e a tranca. – Estou à disposição, senhor Saul.

— Bem... – ele pigarreia novamente – preciso te dizer algumas coisas e peço que compreenda a minha condição de refém de um sentimento que cresceu contra a minha vontade – dizendo isso, ele senta-se no sofá e com um aceno de mão pede a ela que sentasse ao seu lado, no que é prontamente atendido. – Não sei se devo continuar...

— Senhor Saul, não sei o que dizer, mas pode falar.

Ele sente que ela está acessível às suas palavras.

— Não quero lhe constranger, me perdoe... – ele diz isso colocando a mão no ombro dela com suavidade – mas, aonde quer que eu vá, você está comigo nos meus pensamentos.

Ela então baixa a cabeça e ele sutilmente coloca a mão no queixo dela, erguendo-o e fazendo com que ela olhe em direção aos seus olhos.

Laura tenta baixar a cabeça novamente e outra vez ele ergue suavemente o rosto dela.

Nesse instante, ele se ajeita no sofá, aproximando-se dela.

Saul sente-se embriagado pelo aroma adocicado e leve do perfume de Laura.

Ele permanece segurando o queixo dela e, sem resistir, aproxima seu rosto até Laura e a beija com suavidade.

Ele percebe que a respiração da jovem fica ofegante e sem qualquer receio a toma para si, beijando-a com sofreguidão.

O líder religioso sucumbe ao chamado de outros prazeres.

Laura, totalmente confusa e atônita, se entrega, afinal, Saul era um ídolo para ela.

O que viria depois não importava para ambos. Desejavam naquele momento que o tempo parasse e apenas eles existissem.

Não havia racionalidade, não existia o remorso, tudo deveria ficar para depois.

E eles se amam.

Após o incêndio da paixão, eles param exaustos, e Saul torna a si lentamente.

Os pensamentos se concatenam gradualmente e ele começa a perceber a situação em que tinha se envolvido.

— Arrume-se no lavabo – ele pede.

Os pensamentos se atropelam na cabeça de ambos.

Os corpos saciados, os espíritos aturdidos.

Sem que dissessem qualquer palavra, os dois se recompõem e ela sai da sala.

Sem a gravata, que ficara caída no chão, ele se atira na confortável poltrona e respira profundamente.

— Senhorita Laura, por favor – ele pede pelo telefone –, uma água e um café.

— Sim, senhor Saul!

A mente de Saul viaja numa grande velocidade, ele está embriagado pelo prazer.

— Há quanto tempo eu não sentia essas coisas...

A copeira bate à porta e pede licença para entrar.

Novamente o ritual do café fumegante e o copo de água mineral.

— Senhor Saul... Sua gravata está no chão.

— Ah sim... Eu derrubei quando a retirei agora há pouco.

A copeira se recorda de que quando lhe servira café anteriormente ele estava de gravata.

Ela baixa os olhos e pede licença, retirando-se.

Novamente sozinho, Saul reflete.

Ele se lembra da esposa, mas não sente nada, porque a paixão havia roubado a sua razão. Em sua mente só havia espaço para os deleites experimentados minutos antes.

A manhã passa depressa e, na hora do almoço, Saul convida Laura para almoçar com ele.

Ela aceita o convite e os dois saem juntos do escritório.

Durante o almoço, Saul pede a ela que consulte a agenda de compromissos para a tarde.

Laura diz que ele só terá uma reunião com líderes da organização às dezesseis horas e trinta minutos.

— Quer sair um pouco da rotina?

Ela sorri meneando a cabeça afirmativamente.

Eles partem do restaurante para um local privado, onde se entregam novamente aos delírios e à embriaguez provocados pela paixão.

CAPÍTULO 9

DESAFIOS

Saul começou a chegar de madrugada em casa e em algumas noites passou a se ausentar.

Sempre que Sarah o inquiria sobre essas situações ele arranjava uma desculpa.

Ela sabia que algo estava errado com Saul.

Por mais que ele andasse ocupado, as ausências de casa certamente tinham outros motivos, que não se restringiam unicamente à igreja.

Em um encontro casual com Antônia, com muita discrição, Sarah procurou sondar sobre a conduta de Valério.

Antônia esclareceu que o ritmo do marido se mantinha o mesmo, sempre presente no ambiente familiar.

Em uma das ausências, Saul justificou que havia ficado até muito tarde na casa de Valério, o que Sarah descobriu ser mentira quando confrontou as informações.

Daniel nem perguntava mais pelo pai.

Certa manhã...

— Aonde você vai?

— Vou na reunião da escola do Daniel, hoje é dia de saber dos professores as notas e o aproveitamento dele.

— Vou com você!

Sarah não acreditou, redarguindo:

— Você chegou em casa às três horas da manhã e agora são sete horas. Tem certeza de que está com disposição para suportar o barulho das crianças na escola e encarar uma reunião com os professores?

— Sim, claro, por que eu não faria isso pelo meu filho?

Sarah preferiu silenciar para não fomentar uma discussão àquela hora da manhã.

Saul se levantou e tomou um banho rápido, arrumando-se a seguir.

Em breves minutos toda a família se dirigia para a escola.

Ele tentou brincar com o filho, mas o clima não era favorável.

Saul sempre chegava tarde da noite, quando chegava, e Daniel saía cedo para o colégio.

A distância foi vencida em breves minutos, já que naquela manhã o trânsito estava muito tranquilo.

No interior da escola, Daniel saiu correndo, como de costume, e Sarah se dirigiu à sala de reunião acompanhada por Saul.

Havia poucos pais presentes, o que possibilitou que a professora se sentasse com o casal.

— Bom dia! Sejam bem-vindos!

Os pais de Daniel cumprimentaram a professora, que esclareceu:

– Seu filho é um excelente aluno, muito inteligente e participativo. Nossa única dificuldade tem sido a mesma de sempre, mas a direção da escola tem feito o possível para Daniel não passar por nenhum constrangimento.

— Como assim? Não entendi! – Saul indagou curioso.

Sarah olhou para a professora, que não sabia o que dizer, até que a mãe do menino disse:

— Pode comentar com o pai, professora. Saul não sabe de nada e foi bom ele me acompanhar até a reunião, porque ele vai ouvir da sua boca o que o filho dele vem sofrendo na escola.

— Mas, o que está acontecendo aqui? Sarah, por que você não me disse nada antes?

— Para que eu lhe diga qualquer coisa sobre seu filho, é preciso que você esteja presente na vida dele – Sarah falou com gravidade na voz.

Saul registrou a crítica e se calou por não ter o que dizer.

— Posso continuar?

— Claro, professora, por favor! – Saul pediu.

— Daniel vem sofrendo com o bullying que alguns alunos praticam contra ele. Já falamos com os pais, já informamos que a postura do menino deve ser respeitada.

— Como assim? Não estou entendendo nada!

— Seu filho é diferente, senhor Saul!

— Diferente?

— Nosso filho é muito delicado, Saul.

— Delicado, como assim?

A professora se calou, e Sarah falou claramente:

— O Daniel tem muitos traços de feminilidade em sua fala, em muitos momentos ele se porta como uma menina.

— Que conversa é essa? Vocês estão me dizendo que meu filho é uma aberração de Satanás?

Ele tentou se conter, mas seus lábios tremiam pelo acentuado nervosismo.

— Ele não é uma aberração, ele é nosso filho!

— Só se for seu filho, porque eu não tenho filho bicha.

— Respeite o menino – Sarah pediu com tom baixo na voz.

— A culpa é da educação que você deu para o seu filho!

— Educar filhos é obrigação do pai e da mãe. Em que século você vive? É isso que o seu Deus lhe ensina?

Saul levantou-se da mesa e saiu da sala contrariado.

Sarah se esforçou para dominar a contrariedade.

Ela sabia que não devia brigar, que era importante pensar no bem-estar do menino, mas não conseguiu silenciar naquele momento.

A professora se esforçou para manter a normalidade diante do desconforto provocado por Saul e passou para Sarah as outras informações sobre a vida escolar de Daniel.

Ele era um excelente aluno.

— Nossos orientadores e psicólogos têm dito que Daniel é ainda uma criança e que seu comportamento não deve ser demonizado. Na idade dele ninguém pode afirmar que o menino seja homossexual.

— Foi a mesma informação que tive de um outro profissional que consultei particularmente. Somos, como sociedade, muito preconceituosos, e condenamos tudo que não conseguimos compreender. A reação do pai é inadmissível porque em momento algum ele voltou sua preocupação para o filho. Vi diante dos meus olhos um machismo retrógrado a discriminar o próprio filho. Um homem que lida com tantas dores se revela extremamente preconceituoso com uma criança.

— Imagino o quanto é difícil lidar com uma situação como essa. Por essa razão, é melhor esperar que Saul possa digerir essas informações. Acredito que ao refletir ele venha a mudar seu posicionamento.

— Mas pode acontecer justamente o contrário, e ele se voltar definitivamente contra o filho. O Daniel nem vai perceber, porque ele é órfão de pai vivo, infelizmente.

A voz de Sarah estava impregnada de amargura.

Não bastasse o casamento que já não existia mais, ela ainda teria que administrar sozinha a educação de Daniel.

Lágrimas quentes e grossas rolaram por sua face.

CAPÍTULO 10

TRATAMENTO

Sarah chega em casa com o filho e encontra Saul na sala, os aguardando.

Ela entra com o menino e ele mal consegue olhar para o filho.

Daniel se queixa que está com fome. Pela primeira vez, Saul efetivamente presta atenção na maneira como o filho se comporta.

— Eu não mereço isso... – ele murmura.

— Cuidado com suas palavras Saul! – ela capta as palavras e o adverte.

— Tenho certeza de que isso tem cura, vou levá-lo à igreja para fazermos um tratamento.

— De jeito nenhum. Você não vai expor meu filho publicamente nas suas ações preconceituosas! – Sarah exclama e, voltando-se para Daniel, diz:

— Vá para a cozinha que a mamãe vai lhe preparar um lanche.

— Posso pegar uma banana?

— Claro, filho, mas só uma.

— Como ele pode ser tão delicado assim?

— O que você entende por delicadeza eu compreendo como sensibilidade.

— Será castigo ter um filho desse jeito?

— Eu não vou admitir esse tipo de comentário da sua parte!

— O que vão pensar a meu respeito quando souberem que eu tenho um filho que é uma *frutinha*?

— Sua medíocre preocupação só se refere à sua vida pública? O religioso inatacável que não tem problema em família? Cadê o seu sentimento cristão? Só serve para atender às suas conveniências?

Saul se cala.

Sarah sai da sala e caminha para a cozinha.

Ele vai até lá e fica prestando atenção em cada gesto de Daniel.

Ao testemunhar as maneiras delicadas com que o filho fala e age, ele sente uma vergonha e uma raiva que o estremecem por dentro.

Ele teria que conviver com aquilo até quando?

Seus pensamentos se atropelam uns aos outros, mas o que predomina em seu coração é o desejo de encontrar uma saída para não passar pelo ridículo de ter que conviver e andar com um filho como aquele.

Sua mente criativa já elaborava cenas em que podia até ouvir os risinhos de escárnio que teria que suportar dentro da organização.

A situação era inaceitável e sua posição na igreja e na sociedade não lhe permitiria conviver com um filho como aquele.

Em muitas ocasiões, Saul imaginara que um dia o filho ocuparia seu lugar dentro das organizações.

No torvelinho de tantos pensamentos conflitantes, uma dúvida passa a orbitar a sua mente:

Será que Daniel é de fato meu filho?

Procura rememorar o envolvimento com Sarah desde o primeiro dia, porque precisava passar a limpo todas as situações.

Ele gostaria de ter sido traído por ela, pois isso lhe abriria uma rota de fuga para escapar da condição de pai daquele menino.

Uma vez ela me falou de um namorado antigo de quem gostou muito...

Agora ele não podia tomar nenhuma decisão, era preciso pensar com muita calma em uma saída.

Era preciso manter a família, e a sociedade não poderia saber que Daniel era um doente.

Se Sarah fosse contrariada, ela seria capaz de acabar com sua carreira na igreja e no campo político.

Ele precisava se eleger, depois disso a situação se tornaria favorável para se livrar de Sarah.

O importante era evitar as exposições públicas para que ninguém pudesse dizer que seu filho era "aquilo".

Sua mente vivia uma erupção incontida, resolvendo as questões mais urgentes.

Impassível, Saul fica olhando para o filho e toma cada gesto do menino e cada palavra dita por ele como algo inaceitável.

Aquela criança não podia ser dele.

Ao que se lembrasse, em sua família não havia nenhum caso de uma enfermidade como aquela.

Cavando as memórias da família, Saul se recorda de uma tia distante, de quem ouvira seu pai dizer qualquer coisa.

Ela não se casou e era vista constantemente em companhia de outras mulheres, o que fez com que seu avô a internasse como louca, e foi assim que ela morreu, num hospício.

Será que ele herdou alguma característica genética dessa tia e que foi transferida para Daniel?

Ou era o fantasma dessa tia que voltava para assombrar sua família?

Todas as hipóteses eram consideradas por ele, porque seu orgulho não lhe permitia aceitar os modos excessivamente afeminados de Daniel.

Sarah esmaga com um garfo a banana para o filho, foi quando ele sugere:

— Sarah... – disse com gravidade na voz. – Estou preocupado com essa violência no país. Ainda esta semana eu conversava com outros líderes da nossa igreja sobre isso. Você lembra do Antenor, que esteve conosco em almoços de confraternização algumas vezes?

Ela balançou a cabeça afirmativamente.

— Pois então, ele enviou sua família para os Estados Unidos e, segundo eu soube, as crianças estão adorando tudo por lá.

— Você está sugerindo que eu e Daniel nos mudemos do Brasil?

— Seria por um tempo, até que as eleições passem, sabe como é, esses períodos eleitorais expõem muito a família dos candidatos.

— E você está com receio de que a imprensa se volte para sua família, não é Saul, principalmente para o seu filho, é isso?

Saul engole em seco.

Tinha vontade de gritar e xingar aquela mulher.

Seus olhos estavam injetados de raiva.

Nesse instante, seu celular emite um sinal de recebimento de mensagens.

Ele baixa a cabeça e consulta as mensagens.

Era Laura chamando-o para uma reunião.

— Você nem vai considerar a minha oferta?

— Não!

— Seria melhor para o nosso filho. Nos Estados Unidos ele poderia fazer algum tratamento.

— Eu estou doente, mamãe? – o menino falou de modo inocente.

— Não, Daniel, você não está doente, parece que outras pessoas é que precisam de tratamento.

Saul experimenta um ódio da mulher, algo que ele nunca havia experimentado antes.

Se pudesse, ele sumiria com os dois.

Transtornado, ele sai batendo a porta.

Daniel corre atrás do pai:

— Papai... papai...

Saul para nos primeiros degraus da escada e se volta para o filho.

Surpreendentemente, o menino diz:

— Quer brincar comigo?

O coração de Saul se sensibiliza por um instante, mas ele responde:

— Não, agora não... – e se vira, subindo para o quarto.

Sarah observava a cena de longe e chama o filho:

— Ele não pode agora, mas qualquer dia desses ele vai brincar com você.

Daniel ouve as palavras da mãe e volta para a cozinha.

Ela olha para o filho e se emociona.

Dentro do coração, ela guardava a certeza de que não deveria jogar o filho contra o pai, por mais que lhe doesse observar a frieza e o preconceito de Saul.

Acreditava que aquela situação que estava vivendo era destinada a trazer algum aprendizado para todos, mas sua razão agora não podia conceber.

Sarah escuta um barulho vindo da cozinha e abandona seus pensamentos. Por certo, Daniel estava mexendo na geladeira.

Ela tinha uma ajudante em casa, mas amava cuidar das coisas do filho.

CAPÍTULO 11

TORMENTOS

Saul entra no escritório e passa por Laura sem ao menos cumprimentá-la.

— O que houve, querido? – ela entra logo atrás lhe perguntando.

— Não me chame de querido aqui dentro! Alguém pode ouvir...

— Perdão, Saul.

— *Senhor Saul*, me chame de senhor Saul, entendeu, Laura?

— Sim, me desculpe.

Ele se dá conta de que está sendo grosseiro.

— Peço que me perdoe, Laura! A manhã de hoje não foi muito fácil e eu preciso me recompor.

— Quer um café, ou outra coisa?

— Feche a porta. Se a agenda estiver livre na próxima meia hora... quero outra coisa... – diz com malícia.

Imediatamente ela o atende e eles se amam.

Minutos depois ele procura se recompor e pede a Laura que providencie um café.

— Preciso dizer algo muito importante antes de pedir o café.

— Fale, querida, tudo que você fala é importante para mim.

Ele pega um copo com água e bebe lentamente.

— Estou grávida...

Ele se engasga, derramando toda a água na sua camisa branca.

— Como?

— Estou grávida.

— O que me diz?!

— Estou grávida! – repete Laura.

— Não é possível.

— É verdade, querido, acho que foi logo na primeira vez que fizemos amor.

— E é meu?

A pergunta de Saul soa como um tapa na cara dela.

Imediatamente, lágrimas abundantes correm pela face de Laura.

O pranto convulsivo dela e a situação vivida dentro do escritório o preocupam.

— Perdão. Eu te peço perdão... não chore mais, por favor. Eu vou te ajudar. Não vai faltar dinheiro para você tirar essa criança.

— Canalha! – ela diz estancando o choro. – Você não presta!

— Estou pensando no meu futuro, não posso jogar no lixo tudo o que fiz para chegar até aqui!

— E o meu futuro? E o futuro dessa criança?

— Bem, do seu futuro eu posso cuidar com uma boa ajuda financeira, mas sem criança. Você vai ter que tirar!

— Mas você não é cristão?

— Sou cristão e estou pensando nas centenas de crianças que poderei ajudar quando for eleito. O que é o sacrifício de uma criança, quando posso amparar centenas delas?

— Saul, você é abominável! Um homem sem escrúpulo que só pensa em si!

Habilmente ele procura contornar a situação, pois sabia que naquele momento não existia clima para qualquer acerto.

Ele acreditava que por uma boa quantia ela resolveria aquele pequeno "empecilho".

Iria esperar pelo melhor momento para resolver a questão.

Nada iria impedir, segundo suas concepções, a sua ascensão, afinal, não fazia sentido chegar até ali e deixar de usufruir a grande oportunidade de poder que se anunciava no horizonte.

— Por favor, me perdoe – ele diz se voltando para ela carinhosamente. – Fique calma, vou resolver a situação da melhor maneira para todos nós.

— Eu não abro mão do meu filho! – Laura fala resoluta.

— Entendo, querida, pode ficar tranquila que iremos resolver a situação e nada irá lhe faltar.

Laura olha para ele confiante, e avisa:

— Saul, eu não gostaria de tornar essa história pública, não desejo expor sua vida e a do nosso filho.

— Você nem pensa em tirar essa criança? Pense bem, ela irá nos atrapalhar nesse momento da nossa vida!

— De forma alguma, aborto é algo que jamais passou pela minha cabeça. Me entreguei a você por confiar em sua conduta de homem de verdade.

Ele fixa os olhos nela e pensa: *Com quantos outros você já deve ter se deitado?*.

— Está me ouvindo?

— Sim, Laura, me desculpe – ele diz retornando de seus pensamentos sombrios.

— Ainda quer o café?

— Ah, quero sim! Seus cuidados comigo me emocionam – Saul comenta, dissimulado.

Assim que Laura sai, Valério chega ao escritório e pede para falar com Saul.

— O senhor Valério está aqui.

— Ora, mande-o entrar imediatamente e providencie café para nós dois.

Valério entra e os dois se abraçam efusivamente.

— Precisamos conversar, Saul.

— O que houve?

— Fui procurado pela outra organização religiosa, concorrente nossa. Eles querem criar uma força-tarefa para elegermos mais candidatos que se identifiquem com as nossas ideias para o futuro. Parece que do outro lado também existe o sentimento de que devemos promover uma revolução teocrática. Que ninguém nos ouça, é claro.

Ambos caem na gargalhada.

— Na verdade, essa revolução já começou, como você mesmo disse em uma de nossas conversas. A realidade do nosso povo é desesperadora e devemos aproveitar para oferecer esperança a todos. A religião sempre cumpriu esse papel e agora não vai ser diferente.

— Tem razão, Saul. Se soubermos planejar com inteligência e paciência cada passo que dermos em direção a Brasília, o poder cairá nas nossas mãos.

— Valério, o que eles desejam exatamente?

— Vieram nos convidar para um jantar, mas pude sondar que o número de fiéis que eles têm é superior ao nosso. Se unirmos as nossas forças, elegeremos vários candidatos das duas organizações. Acredito que eles queiram pontuar os nomes de ambos os lados para que o plano tenha êxito.

— Se é assim, essa iniciativa irá facilitar, em muito, a realização dos nossos planos.

— Isso é verdade, mas é preciso esclarecermos todos os pontos, para evitar disputas e rachas mais adiante, porque essa caminhada não irá terminar com a eleição de uma bancada que abrace nossos princípios renovadores – Valério falou com sagacidade.

— Meu nome permanece firme?

— Para nossa organização, Saul, é o carro-chefe pelo nosso lado. Entendemos que seu trabalho tem livre trânsito na outra organização.

— Com licença... – Laura entra com a bandeja, pois ela mesma resolveu cumprir o papel de servir o café para Saul e Valério.

Delicadamente, ela serve a bebida fumegante.

— Com licença. – Ela se retira.

— Mas, como é bela essa mulher, Saul!

— Até você, Valério?

— É apenas um comentário, um elogio. Não troco a paz da minha família por qualquer outra ilusão. Admirar uma jovem tão bela não me credencia ao adultério.

Saul sentiu enorme incômodo com as palavras do amigo.

— E quando será a reunião? – ele indagou mudando de conversa.

— Depois de amanhã, você pode estar conosco?

— Pode contar comigo! Não perco esse jantar por nada!

— Ótimo! Preciso te informar que tudo caminha muito bem no balanço financeiro da organização. É incrível afirmar isso, mas quanto mais pessoas sofrem, mais nossas contas bancárias prosperam. O sofrimento e a desesperança estão levando o nosso povo a buscar por milagres.

Saul estava longe mentalmente.

— Ouviu o que eu disse?

— Desculpe, Valério! Eu me distraí pensando em suas palavras e no quanto faremos pelo nosso país, quando pudermos legislar segundo nossos princípios.

— Sim, sim. Os tempos são chegados.

CAPÍTULO 12

O JANTAR

— Mesa para quatro pessoas, por favor! – Valério pediu ao garçom no pomposo restaurante da grande metrópole.

— Será que eles demoram muito? – Saul indagou.

— De jeito nenhum, eles estão tão ansiosos quanto nós para fechar esse acordo.

Mal o comentário foi feito e dois membros da outra igreja se apresentaram sorridentes.

As saudações foram efusivas, com abraços apertados e tapinhas nas costas.

— Irmão Anselmo, estamos muito felizes e com expectativa muito positiva para unir nossas forças em um mesmo ideal – Valério comentou abrindo a conversa.

— É verdade, irmão Valério, precisamos unir todo o povo que tem a mesma fé. Isso nos tornará mais fortes.

— O que iremos beber? – Saul indagou.

— Vinho, um bom vinho para alegrar a nossa noite e nos inspirar para tomarmos as melhores decisões.

— Isso mesmo, irmão Odair, um bom vinho irá nos inspirar – Saul concordou.

— Precisamos saber de quanto será o nosso investimento para criar uma bancada que defenda os nossos interesses – Odair indagou.

— Pensamos em dividir meio a meio os investimentos, que não limitaremos para a consecução desse planejamento – Valério afirmou.

— Então é importante a elaboração de alguns nomes a fim de que a nossa ação tenha os rostos conhecidos para que o público, aos poucos, vá assimilando isso – Anselmo sugeriu.

O garçom se aproximou com duas cartas de vinho e as colocou sobre a mesa.

— É verdade, o quanto antes melhor. E é claro que precisamos começar a falar disso em nossas pregações.

— Sim, Saul! Precisamos divulgar a Canaã prometida que já se anuncia com as novas ações das nossas igrejas – Odair concordou.

— Cada igreja deve filiar seus candidatos em partidos diferentes, para que, num futuro próximo, possamos criar nosso próprio partido, que atenda aos princípios cristãos.

— Excelente observação, Valério – Saul observou sorrindo.

Após alguns palpites aqui e ali, eles escolheram o vinho mais caro da carta.

Rapidamente o vinho foi servido em belas taças de cristal.

Os quatro ergueram as taças e brindaram. Para eles, iniciava uma nova era cristã no país.

— Precisamos dar a César o que é de César, e a Deus o que é de Deus! – Saul afirmou.

Todos se entreolharam sem entender, e Saul complementou.

— Eu explico! Tudo é de Deus e, como seus representantes no país, precisamos administrar melhor as coisas Dele que andam sendo roubadas de nós.

As taças cortaram o ar com intenso brilho e o vinho inebriante foi sorvido pelos quatro.

Foram muitos os planos elaborados e os acordos fechados.

Estabeleceu-se que mensalmente todos se reuniriam para decidir quais as próximas ações a serem deliberadas.

As perspectivas eram as melhores.

Estava sendo colocado em prática o plano para que aquelas vertentes religiosas pudessem arbitrar sobre os destinos da nação.

Tratava-se de um projeto para os próximos anos, que ganharia força e penetração nas massas populares.

✳

Saul estaciona o carro em frente ao prédio de Laura.

Ele envia pelo celular uma mensagem, que ela responde imediatamente.

O porteiro abre o portão da garagem para que Saul entre e estacione o carro.

No elevador, seu celular toca. Era Sarah.

Ele pensa em não atender, mas acaba cedendo:

— Alô!

— Saul, o Daniel não está muito bem...

— O que ele tem?

— Está com muita febre e eu vou levá-lo para o pronto-socorro. Já passei por situações como essa anteriormente e me virei sozinha, mas dessa vez ele insiste em chamar pelo pai.

Saul se mantém em silêncio e cogita intimamente: *Ir a um hospital com ele é me expor publicamente. Vão ver o jeito que ele é e o que vão pensar a meu respeito?*

O deslocamento do elevador faz com que o sinal do celular caia e a ligação seja interrompida.

Assim que a porta do elevador se abre, ele depara com Laura, que já o aguardava ansiosamente.

Ela se atira em seus braços e ele corresponde imediatamente.

O celular, que ele havia colocado no silencioso, vibra em seu bolso, mas ele prefere não atender.

A noite passa, a madrugada vem, amanhece...

— Laura – ele fala com voz estudada. – Tenho uma proposta para te fazer.

Ela estava deitada de costas para Saul. Laura se vira vagarosamente, aninhando a cabeça no peito dele.

— Fale, meu amor!

— Eu tenho como arranjar uma casa nos Estados Unidos e uma boa soma mensal em dinheiro. Posso também te indicar para trabalhar na nossa igreja de lá, onde você poderá criar o nosso filho com melhores condições. Prometo, sempre que puder, estar com vocês. As responsabilidades que assumi me impedem de solucionar as coisas de outra maneira. Não posso me separar, por enquanto. É importante manter a minha imagem e deixar as coisas como estão. Você pode me ajudar?

Laura hesita, mas diante de tudo que lhe está sendo oferecido, como ela poderia recusar?

— Mas, qual é a garantia que eu tenho para poder contar com sua ajuda e cuidar do futuro do nosso filho?

— Neste momento não posso lhe dar garantias legais, porque, como candidato, a minha vida será esmiuçada e não posso deixar um único vestígio que leve à vida dupla que tenho com você.

— Mas assim eu não tenho garantias!

— É pegar ou largar. Eu te dou a minha palavra de que não irá faltar nada para vocês.

Apaixonada e iludida pelas promessas de Saul, ela concorda.

— Como ficarei sem você?

— Não ficará sem mim, Laura, acalme-se. Vai dar tudo certo, eu prometo que não irei te abandonar.

Eles se beijam e Saul experimenta um alívio em seu coração.

Uma parte dos seus problemas estava resolvida.

CAPÍTULO 13

APRESENTAÇÃO

Na manhã seguinte Saul decide não comparecer ao escritório.

Ele precisava arranjar um jeito de acomodar as coisas com Sarah.

No caminho, ele decide passar na floricultura e em uma loja de chocolates, onde compra bombons para Daniel.

Saul entra em casa e procura por Sarah e pelo filho.

Ele imaginava que Daniel não tivesse ido à escola.

Não encontrou ninguém.

Liga para a esposa.

Ela o atende após três toques.

— O que você deseja? – ela indaga com frieza.

— Sei que agi equivocadamente, eu estava em uma reunião.

— Você acha que ainda acredito nessas suas reuniões pervertidas?

Ele não sabe muito bem o que dizer.

— Diga o que quer – pediu Sarah.

— Estou em casa, e como não os encontrei...

— Daniel ainda está um pouco febril, mas hoje é o dia da apresentação teatral da escola e ele será um dos personagens principais.

— Ele vai se apresentar?

— Daqui a pouco vai começar a apresentação.

— Ok!

Ele desliga o telefone e corre para o carro.

No instante em que Saul chega ao teatro, ainda ouve as palmas de todos os pais presentes na abertura da apresentação.

Com paciência localiza Sarah. Ao lado dela, havia uma poltrona do auditório que estava vazia.

Pedindo licença e ouvindo algumas reclamações, ele consegue sentar ao lado dela.

A peça era a história do Bonezinho Vermelho, um menino solitário, uma espécie de "Chapeuzinho Vermelho" dos meninos. Ele sempre ia até a floresta procurar pelo pai, que nunca tinha tempo para atendê-lo e, por isso, quase foi pego pelo Lobo Mau Virtual.

Muitos pais foram às lágrimas.

Daniel era o Bonezinho Vermelho.

A peça se desenvolvia com grande emoção.

Daniel se entregava com amor e dedicação, embora com pouca idade.

Saul olhava para o filho e percebia que ele era diferente, não pelo gestual ou o jeito de falar, mas pela personalidade que se mostrava forte, mesmo aos sete anos de idade.

No ato final, o ator que interpreta o pai finalmente recebe o filho e o acolhe.

Todos ficam de pé e aplaudem.

O elenco infantil se curva para agradecer as palmas e o entusiasmo do público.

— O senhor é o pai dele? – um homem indaga a Saul, que fica sem compreender.

— Sim, sou o pai do Daniel – ele responde sem jeito.

— Gostaria de parabenizá-lo. Seu filho é muito talentoso. Além de representar muito bem, ainda escreveu a história do Bonezinho Vermelho, parabéns!

O homem falava entusiasmadamente e apertava a mão de Saul, que se sentia desconfortável.

Do outro lado, Sarah era abraçada por outras mães e por alguns professores.

— Ele escreveu essa história? – ele questiona a esposa.

— Sim, foi ele quem escreveu com a orientação da professora – ela falou emocionada. Um dia eu estava em casa com ele e li a história da Chapeuzinho Vermelho. Sem que eu esperasse, ele me perguntou se não existia a história do Bonezinho Vermelho. Eu disse que não, então ele contou do jeito dele, mas substituindo a Chapeuzinho pelo Bonezinho, porque, na cabeça dele, os meninos usam bonés. Eu só tive o trabalho de ajudá-lo a colocar no papel o que havia me contado. No dia seguinte, ao vir para a escola, ele mostrou a ideia para a professora, que imediatamente pediu para apresentar à diretoria.

Saul guarda silêncio de tudo que ouvira dos lábios de Sarah.

Vira-se para o palco e vê seu filho cercado de muitos meninos e meninas que o respeitam, ou que passariam a respeitá-lo a partir de agora.

— Preciso ir buscá-lo – Sarah diz a Saul.

— Eu espero vocês aqui.

Rapidamente Sarah retorna de mãos dadas com o filho.

— Oi, pai! – Daniel cumprimenta, abraçando o pai nas pernas.

Saul olha para baixo, vê aquela criança agarrada em suas pernas e fala:

— Parabéns, Daniel, sua história é muito bonita e sua apresentação foi linda.

— Nós vamos almoçar juntos hoje?

— O papai vai decidir quando chegarmos em casa, está bom?

O menino abaixa a cabeça, e Sarah o puxa pela mão. Ambos saem na frente de Saul, que os segue.

Ao passarem pelo jardim da escola, Daniel pega algumas flores caídas, junta-as e entrega o maço ao pai.

Saul vê na atitude do filho um comportamento muito delicado para um menino:

— Filho, você não precisa pegar flores para o seu pai.

— Por que, papai?

— Porque não pega bem.

— Você beira o ridículo, Saul – Sarah intervem. – Onde está escrito que um homem não pode dar flores para outro? Vamos, Daniel!

Ela entra no carro dela com o filho, que olha pela janela e acena para o pai.

O veículo parte, e Saul fica ali na calçada acompanhando o deslocamento do carro e o aceno do seu filho.

O menino é bem inteligente, ele pensa.

Novamente o telefone toca e ele é arrancado dos seus pensamentos.

— Alô...

— Senhor Saul?

— Sim, sou eu...

— Quem está falando é Arthur, o detetive particular que contratou, lembra?

— Sim, Arthur, o que é?

— Tenho novidades sobre a investigação que me pediu para fazer sobre sua esposa.

— E é algo concludente? Tem alguma situação de traição da parte dela?

— É melhor conversarmos pessoalmente.

— Podemos nos encontrar em algum lugar no final da tarde, mas acho melhor que não seja no meu escritório.

— Pode ser naquele café onde nos encontramos pela primeira vez, o que acha?

— Fechado, mas me ligue no meio da tarde para confirmar.

— Pode deixar, senhor Saul, eu volto a ligar.

Saul desliga o telefone e esfrega as mãos, pensando: *Acho que encontrarei motivos para pedir o divórcio e ficar livre das amarras da Sarah.*

Feliz, Saul entra no carro e se dirige para o escritório.

— Você tem gravação de um programa de TV para fazer – Laura o avisa.

— Vamos almoçar primeiro?

— Eu não posso almoçar com você hoje, tenho um compromisso.

— Como assim, Laura, não pode almoçar comigo hoje?

— Coisas de mulher, Saul, nem tudo eu posso te contar.

Ele ergue as sobrancelhas num sinal característico de estranhamento, mas dá de ombros.

— Tudo bem, Laura, vou chamar o Valério.

— Não esqueça que a gravação começa em uma hora e meia. Eu estarei aqui te esperando.

— Ótimo, até mais tarde!

CAPÍTULO 14

O ALMOÇO

Laura chega ao restaurante próximo do trabalho, geralmente pouco frequentado pelo pessoal do escritório.

Ela é levada até uma mesa que já fora reservara pela manhã.

Assim que se acomoda, pede um suco e aguarda ansiosamente por sua companhia.

A pessoa aguardada não se faz esperar por muito tempo.

Entre o primeiro e o segundo gole do suco ela olha na direção da porta e quem ela aguardava caminha elegantemente vestida na sua direção.

Ela era portadora de uma beleza sóbria, charmosa, mas muito discreta, embora isso não deixasse de despertar o interesse dos que estavam ao redor.

O garçom aproxima-se e ajeita a cadeira para a recém-chegada, que se senta com classe e a cumprimenta:

— Como vai, Laura?

— Vou bem, senhora Sarah.

— Que bom, fico feliz! Acho que temos muitas coisas para conversar, não é mesmo?

Laura fica ruborizada e, com olhar envergonhado, murmura:

— É verdade.

— Não precisa ficar com vergonha, somos mulheres e sabemos o que está acontecendo. Ou pelo menos eu imagino. Fique à vontade para conversar comigo a respeito.

O garçom traz o cardápio e o coloca sobre a mesa.

— Bebida, senhora?

— Um suco de kiwi, com adoçante, por favor! – Sarah pede.

A esposa de Saul olha profundamente nos olhos de Laura.

— Não sei como começar.

— Comece pelo começo, você tinha uma rotina de trabalho com meu marido e as coisas foram se desenrolando.

— Desde que fui trabalhar com Saul me senti fascinada pela figura que ele é e pelo que representa.

— Quem te indicou para trabalhar com ele? Houve uma seleção?

— Bem... – ela hesita. – Fui indicada...

— Por quem?

— Prefiro não falar o nome da pessoa. Eu fazia parte da comunidade da igreja e fui chamada para uma conversa. Fui levada à presença dessa pessoa que, sabendo da minha difícil situação, prometeu me ajudar. Mesmo com formação superior, estava bem difícil arranjar um emprego, e essa ajuda caiu do céu.

— Literalmente caiu do céu – Sarah ironiza. – Continue por favor, pois eu acho que há muitas coisas e interesses que você mesma desconhece.

— Eu mal tinha roupas para me apresentar...

Nesse momento, Valério e Saul entram no restaurante. Laura os vê e entra em pânico.

Sarah observa a mudança de comportamento repentina e acompanha o olhar de Laura.

— Vamos para o banheiro feminino – ao perceber a situação, Sarah fala se erguendo rapidamente, mas Laura se demora e é vista por Valério.

— Aquela não é a sua secretária?

— É ela mesma...

Saul faz sinal para ela se aproximar.

Sem ter o que fazer e totalmente sem graça, Laura se aproxima.

— Almoçando sozinha?

— Sim... senhor Saul!

— Se desejar, pode sentar conosco.

— Eu vou ao toalete primeiro e já retorno.

— Fique à vontade! – Saul fala, demonstrando gentileza.

Rapidamente ela caminha para o toalete, mas antes passa pela mesa e apanha a bolsa de Sarah que havia ficado na cadeira ao lado.

— Eles não viram a senhora.

— Ainda bem! – Sarah fala aliviada. – Nossa conversa vai ficar para outro dia.

— Eles me convidaram para almoçar com eles.

— Faça isso, volte para lá e almoce com eles, vou sair pelos fundos do restaurante.

— Eles nunca vêm aqui, posso lhe garantir, não sei o que aconteceu!

— Precisamos terminar essa conversa, porque me parece que você está me escondendo alguma coisa.

— Vou voltar... já estou me demorando muito aqui dentro.

— Pode ir, Laura, mas nossa conversa ainda não terminou.

A secretária de Saul silencia e sai rapidamente.

Sarah tenta sair, mas não consegue, fica escondida e observa a conversa animada entre Saul e Valério, que dura por cerca de meia hora.

Angustiada com a situação desconfortável, Laura tenta apressar o fim daquele almoço.

— Não me sinto bem...

— O que podemos fazer? – Valério comenta preocupado.

— Preciso tomar um remédio que esqueci no escritório.

— Então vamos embora! – Saul fala enquanto se levanta.

Valério chama o garçom e pede a conta, que rapidamente é trazida.

Sarah observa a cena sentindo-se aliviada.
Eles partem, ela volta à mesa e pede outro suco.

※

Laura experimentava grande alívio ao chegar ao escritório.
Tentava ordenar os pensamentos, mas se sentia perdida e confusa.
De um lado, Saul preparava sua partida para os Estados Unidos, de outro, Sarah queria saber o que estava acontecendo. Laura pensava em sua mãe e na criança que iria nascer.
Saul afirmava que Laura podia levar a mãe para ficar com ela, mas algo em seu coração lhe dizia para não confiar no pai do seu filho.
Nos últimos dias, ela mal conseguia dormir, de tantas preocupações e medo.
Estranhamente, nos breves momentos em que esteve ao lado de Sarah, Laura experimentou certo acolhimento. Por mais paradoxal que fosse, a mulher de Saul lhe passava algo muito bom.
Em meio à turbulência dos seus pensamentos, ela é sacudida pelo toque do seu celular.

— Precisamos nos encontrar com urgência!
— Não quero vê-la!
— Temos um acordo, menina, lembra?
— Não desejo seguir com esse acordo...

— Como não, fui eu que te tirei daquela situação, te coloquei dentro do escritório e agora quer virar as costas para mim? Sua mãe está idosa e hoje vive confortavelmente graças ao aluguel que pode pagar pela colocação que te arranjei. Posso destruir todos os seus sonhos – a pessoa falava com voz descontrolada. – Não me obrigue a fazer isso!

— O que você quer?

— Quero um encontro imediatamente. Eu te espero amanhã à noite, sem falta, como de costume.

— Está certo, eu irei... – Laura concorda após breve silêncio.

Ao desligar o telefone, ela começa a chorar convulsivamente.

Experimentava grande remorso em seu coração.

Maldizia o momento em que se deixara levar pela ilusão e pelo encantamento que Saul lhe trouxera.

Num labirinto de pensamentos desconexos refletia aturdida na sua culpa.

E dizia em voz alta, como se tentasse se punir:

— A culpa é minha... a culpa é minha...

Em dado momento, respirou profundamente e sentiu brando alívio em sua ação.

Repetiu o gesto outras vezes e foi se recompondo gradativamente.

CAPÍTULO 15

DETETIVE

Saul estaciona o carro próximo ao café onde Arthur já o aguardava.

Em seu coração, que batia aceleradamente, a ansiedade o levava a experimentar os pensamentos mais diversos.

Mas, o que ele alimentava de fato era o desejo de se livrar do casamento, era preciso arrumar um jeito de ficar livre.

É claro que Saul não desejava se prender a Laura. Por tudo que estava acontecendo em sua vida, o desejo era seguir vivendo com liberdade e fazer o que quisesse.

Não era preciso se vincular à família, ele sentia o imenso desejo de partir para uma vida nova.

Queria ser "feliz", experimentar o novo que o mundo tinha a lhe oferecer.

Para isso, não mediria esforços para pegar a parte que lhe cabia no patrimônio familiar e refazer seu caminho como um homem livre, solteiro.

Não abandonaria os princípios religiosos, mas precisava de uma boa razão para se separar e, aos olhos de todos, sua ação seria plenamente justificada.

Ninguém iria lhe condenar se o divórcio ocorresse por adultério da parte de Sarah.

No filho ele nem pensava, pois via em Daniel a presença de alguém que era dispensável em sua vida.

Nessa agitação mental, Saul entra no café e logo avista Arthur, já acomodado em uma mesa próxima.

O detetive se levanta e recepciona Saul com um aperto de mão.

— Como vai, senhor Saul?

— Bem... e, dependendo do que trouxe para mim, espero ficar melhor.

Uma jovem se aproxima e estende o cardápio, Saul nem olha para ela, mas pede:

— Expresso duplo, por favor!

Ela anota o pedido e se afasta.

— E então?

— Senhor Saul, trago comigo algumas fotos interessantes que revelam que está sendo vítima de adultério. Aqui estão!

Arthur estende o envelope, que Saul abre nervosamente.

Em uma das fotos um jovem está agachado ao lado do carro de Sarah e eles parecem conversar animadamente.

Em outra foto, ambos estão do lado de fora do carro e estão abraçados.

A cada foto que Saul visualiza, diz:

— Ótimo... ótimo... ótimo...

Arthur não consegue compreender como alguém que aparentemente está sendo traído pode ficar feliz ao constatar a traição.

— Temos aqui várias fotos em dias alternados em que esse rapaz acompanha minha mulher até o carro dela, é isso?

— Ela deixa seu filho na escola e segue para essa casa, que na verdade é uma clínica, pelo menos duas vezes por semana.

— Ótimo. Muito bom trabalho.

— Ela fica lá dentro por cerca de duas horas e quando sai ele a leva até o carro, ali eles se abraçam e se despedem com muito carinho.

— Não tem nenhuma foto de beijo na boca?

— Não tenho, porque não presenciei. O senhor conhece esse rapaz?

— Não... nunca vi mais gordo.

Saul sorve um grande gole de café e comenta:

— Perfeito, perfeito! Vou efetuar o pagamento de seu serviço conforme o combinado.

Arthur esfrega as mãos.

Intimamente Saul se alegra porque se livraria da mulher e do filho que com toda certeza seria sua vergonha no futuro.

Não havia tempo a perder. Naquela noite iria para um *flat* e de lá ligaria para Valério demonstrando toda a indignação de marido traído.

Precisava que a notícia fosse se espalhando lentamente.

Certamente ele seria até motivo de chacota, mas deduzia que era melhor ser marido traído do que ser futuramente reconhecido como pai de um filho afeminado.

Saul decide que não voltaria mais para casa; na verdade, já fazia algum tempo que em muitas noites ele optava por dormir fora do lar.

Por mais que Saul se esforçasse, era muito difícil lidar com a falta de interesse por Sarah e administrar os sentimentos com relação a Daniel.

Ele revia as fotos e sentia a real possibilidade de liberdade que contemplava diante de seus olhos.

Era como se estivesse segurando a própria carta de alforria.

Tomaria as providências imediatas para enviar Laura e a mãe dela para os Estados Unidos, depois disso cuidaria da sua carreira.

Quando se vê sozinho, decide assistir às suas últimas pregações.

O material disposto na internet era vasto, havia muitas gravações, mas sua atenção se deteve na fala daquele domingo especial, quando despertou grande emoção nos corações pela maneira como interpretara a parábola do Filho Pródigo.

Sente-se feliz com o rumo que as coisas estavam tomando.

Distraído, Saul consulta o relógio e deduz que Valério esteja em casa.

Pega o telefone e liga.

— Alô, Saul – a voz do amigo se faz ouvir após três toques. – Tudo bem?

— Amigo... – ele diz, fazendo-se triste e melancólico. – Nunca imaginei que a vida me reservaria tamanha dor e vergonha...

— O que é isso, Saul? O que está acontecendo? O que houve?

Antônia, que estava próxima ao marido, ouve as indagações de Valério e para o que estava fazendo para saber o que se passava.

— Sou um homem ferido em sua moral. Sarah se deixou levar pelas artimanhas do diabo e me enganou.

— O que é que você está me dizendo? Deve haver algum engano. Isso não é verdade!

— Eu tenho provas irrefutáveis de que ela tem um amante.

Valério silencia brevemente, procurando encontrar palavras para confortar o amigo.

— Cuidado! Não vamos permitir que isso se transforme em um escândalo. Pode chegar até a organização, e nossa igreja ser afetada. Ninguém precisa saber disso!

— Tem razão – Saul concorda com voz dramática simulando choro. – Devemos evitar um escândalo.

— Me perdoe insistir, mas você tem certeza do que está falando? Sarah sempre foi uma mulher honrada, uma esposa digna e uma mãe muito amorosa.

— É isso que me mata por dentro, mas as fotos estão aqui nas minhas mãos...

— E quem enviou essas fotos para você?

— Recebi em envelope confidencial no escritório e não havia remetente, são anônimas – ele mente, dissimulando.

— Se preferir, pode vir aqui para casa, temos quarto de hóspede e você pode ficar o tempo que desejar.

— Não se preocupe, já estou em um *flat*. Gostaria apenas de lhe pedir um favor...

— Claro, no que posso te ajudar?

— Gostaria que fosse falar com Sarah. Não quero vê-la, pelo menos neste momento em que a dor da traição me consome a alma.

— Mas o que deseja que eu fale com ela?

— Diga que não guardo ódio algum do que ela me fez. Que todos os direitos dela e do Daniel estão garantidos. Levarei comigo apenas a metade do que me é devido. Preciso seguir vivendo, posso ser feliz reconstruindo minha vida mais adiante, se Deus me permitir, é claro! Pretendo viver apenas para minha missão de evangelizar as almas sofredoras.

— Pode deixar, Saul. Eu falo com ela amanhã.

— Não tenho como agradecer sua ajuda nesse momento de tanta dor em minha vida.

Eles se despedem e Valério volta-se para Antônia:

— Saul está se separando de Sarah...

— Não acredito!

— Pois é, ele diz que tem fotos que provam o adultério dela.

— Que estranho!

— Pois é, muito estranho, mas as pessoas, às vezes, cedem às tentações do mundo.

— E o que ele quer de você?

— Na verdade, queria desabafar e me pedir para falar com Sarah.

— Não sei o que dizer, mas se ele afirma ter provas, paciência. Ela me surpreendeu com aquela postura de boa mulher que sabe o que quer, enganou a todos nós.

— Somos solidários ao Saul, mas não podemos jogar pedras em Sarah.

— Prefiro esperar pelas noites e dias que virão, porque depois das tempestades é que se consegue enxergar as coisas que estavam escondidas.

— Tem razão, Antônia, vamos esperar, mas amanhã cedo irei falar com ela, conforme Saul me pediu.

— Não tome partido, porque toda história tem dois lados, e esse seu amigo Saul nunca foi flor que se cheire.

— Vai começar com a implicância novamente?

— Esqueça, Valério. Não está mais aqui quem falou!

CAPÍTULO 16

SEPARAÇÃO

Sarah estacionava o carro na frente da sua casa quando ouviu um breve toque de buzina.

Olhou para o lado e deparou com Valério.

— Sinto muito, Valério – ela disse constrangida. – Seu amigo não está, na verdade ele nem veio dormir em casa. E, para falar a verdade, de algum tempo para cá, Saul tem ficado muitas noites fora de casa.

— Entendo, minha amiga, mas eu não vim procurar o Saul. O motivo da minha visita é que infelizmente sou portador de más notícias...

— Aconteceu alguma coisa com Saul?

— Podemos conversar lá dentro?

— Claro, Valério, que falta de educação a minha, me acompanhe, por favor!

— Obrigado!

— Sente-se enquanto preparo um café. Daniel já está em aula e podemos falar com tranquilidade.

Ela abasteceu a cafeteira de água e depois colocou o filtro de papel no coador.

— Bem... – Valério tentou iniciar a conversa um tanto sem graça – Estou aqui a pedido de Saul, que me ligou ontem e já passava das dez e meia da noite.

— Sim, continue...

— Sarah, me perdoe se sou invasivo em assunto tão delicado, mas Saul me disse que tem provas de que você está traindo a confiança dele.

— Como assim, você pode ser mais explícito? Não estou entendendo nada!

— Saul te acusa de traição, afirma que você tem um amante! É isso!

— Que piada é essa?

— Desculpe, Sarah, ele diz que tem fotos para provar o adultério.

— Isso só pode ser uma brincadeira! – falou se sentando à mesa e colocando a mão na cabeça.

Valério ficou constrangido pela cena que testemunhou, pois Sarah sempre lhe pareceu uma mulher de raras virtudes.

Ela fez um esforço sobre-humano para se conter e pediu, quase num sussurro:

— E ele pediu para você me dizer mais alguma coisa?

— Sim. Saul pediu para eu dizer que não tem raiva de você, mas precisa de um tempo para te encontrar novamente.

Ela deu uma gargalhada nervosa, mas se esforçou para se controlar.

— Continue, Valério!

— Disse que deseja apenas a metade que lhe pertence dos bens construídos em família, e que você e Daniel receberão o que lhes é de direito.

Valério transmitia apenas o que o amigo lhe pedira para falar, mas sentia um grande mal-estar com tudo aquilo.

— Não vou me defender, porque não fiz nada. O que posso dizer é que ele conseguiu enganar muitas pessoas por bastante tempo, mas um dia a máscara dele vai cair. Como é que um homem que se diz religioso pode agir assim, com a esposa e o filho?

— Sinto muito, Sarah.

Ela pegou a xícara de café e a entregou a Valério.

O sabor estava horrível, pois, nervosa, ela adoçou o café com sal.

— Eu e Antônia estamos do seu lado, Sarah. Pode contar com a gente.

— O que eu lamento de verdade é que ele nem ao menos foi homem suficiente para me acusar de algo sem fundamento, olhando nos meus olhos. Brigar com um "homem" que se comporta assim é perder tempo. Fiquei todos esses anos ao lado do Saul, muitas vezes me omiti e pactuei com o personagem que ele criou para enganar a todos. Deixei minha vida de lado, abandonei meus sonhos para viver os sonhos dele. Agora experimento o que muitas mulheres vivenciam por acreditar num amor que só existia na própria cabeça. Obrigada, Valério, suas palavras não me surpreenderam. Foi a visita da verdade que eu insistia em não ver.

Valério se despediu de Sarah com um beijo no rosto, partindo em silêncio.

As impressões causadas pela emoção da agora ex-esposa de Saul mexeram profundamente com ele.

Seria possível que Saul estivesse mentindo, ou que tivesse se enganado?

De qualquer forma, ele decidiu ficar atento a tudo aquilo.

*

Passados alguns dias, Saul chega ao escritório e não vê Laura.

Senta-se à mesa e abre uma pasta.

Ali estavam todos os documentos, passagem aérea e demais providências legais para que Laura partisse para os Estados Unidos.

Ele se entretém com outros assuntos e algumas ligações.

O tempo vai passando e ele precisa tomar algumas providências e pedir alguns documentos para assinar.

Chama pelo telefone a secretária, que não responde.

Irritado, Saul sai de sua sala e se dirige para a de Laura.

Ela não estava.

Pega o celular e liga. Após toques de chamada sucessivos não é atendido, e a ligação cai direto na caixa postal.

O que estaria acontecendo?

Então lembrou que tinha o número do celular da mãe de Laura. Saul liga algumas vezes, mas também cai na caixa postal.

Ela havia comentado dias atrás que iria ao ginecologista, *deve ser isso*, ele procura justificar a ausência dela.

Alguns dias se passam...

— Não tenho nenhuma notícia da minha secretária, ela parece ter evaporado no ar.

— Muito estranho, justamente nos mesmos dias em que você estava se separando da Sarah, não é? – Valério indaga.

— É verdade, uma estranha coincidência – Saul responde sem fixar os olhos em seu amigo.

— Já enviou alguém na casa dela?

— Sim, nossa assistente social foi fazer uma visita e ninguém a atendeu. Procurou informações com um vizinho. Ele disse que dias atrás Laura saiu com a mãe e muitas malas.

— Bem, parece que você terá que contratar uma nova secretária.

— É verdade, Valério, nosso departamento de pessoal já tem uma candidata que deve começar, no máximo, até amanhã.

— E como estão os procedimentos legais em relação ao divórcio?

— Sarah não quis falar comigo. Estamos tratando tudo via advogado.

— E seu filho, tem visitado?

— Ainda não tive tempo.

— Como não teve tempo, Saul?

— Sim, os compromissos têm me consumido e...

— O seu filho é o seu maior compromisso, pelo menos é o que pregamos no púlpito da igreja.

— Tem razão, venho falhando como pai – ele disse sem graça. – Vou corrigir essa situação.

— Vou te dar uma sugestão. Domingo faremos um almoço em casa, por que você não leva o Daniel?

— Ótima ideia, vou tentar falar com a Sarah para que ela autorize.

— É claro que ela vai autorizar, pois, como mãe responsável, ela não vai promover a alienação parental entre vocês.

Rapidamente algumas indagações passaram pela mente de Saul: *Se eu for com o Daniel, será que vão notar o jeito delicado dele? O que vão pensar de mim ao verem que meu filho é daquele jeito? Será que vão imaginar que ele é assim por minha causa? Vão falar pelas minhas costas que tenho um filho que, na verdade, parece menina?*

— Saul... ouviu o que eu disse?

— Ahn... desculpe, Valério! Eu estava pensando no Daniel.

— Imagino que você sinta muitas saudades do seu filho, não é?

— Verdade – ele fala constrangido.

— Traga-o para a igreja. Participe das reuniões matinais de domingo, realizadas exclusivamente para as nossas crianças e jovens, Daniel vai gostar. Percebi que nos últimos tempos ele e Sarah já não vinham participando dos cultos.

— É verdade, Sarah preferiu se ocupar com outras coisas e eu acabei cedendo.

— Todavia, traga o Daniel de volta para o nosso convívio. Você sabe, não existe ex-filho quando a separação acontece. Nossos filhos sempre serão responsabilidade nossa.

— Tem razão, Valério! Tenho aqui na minha gaveta as fotos do flagrante de Sarah me traindo, quer ver?

— Não, obrigado! Situações assim me causam mal-estar, prefiro não ver. Além do mais, tenho muito carinho por Sarah.

Saul segurava o envelope na mão, abre a gaveta e o guarda novamente.

Os dois retomam as conversas de trabalho.

Após demorada reunião, eles se despedem renovando o desejo de se encontrarem no final de semana.

O convite causa muito embaraço para Saul, que não sabia o que fazer diante daquela situação.

Ele não queria ser visto com Daniel, e dizia para si mesmo: "Agora que me livrei daquele peso...".

Inventaria uma desculpa, diria qualquer coisa, faria de tudo, menos levar o filho no tal almoço.

Precisava apenas ser convincente com Valério, nada mais.

O telefone do escritório toca.

— Alô, senhor Saul, quem fala é Cláudia, do departamento de pessoal. Poderia conversar com as duas jovens que selecionamos para substituir a Laura?

— Agora?

— Se for possível, para que sua nova secretária possa assumir as funções com a maior brevidade.

— Pode trazê-las, eu aguardo!

— Estou encaminhando, eu mesma vou levá-las.

— Obrigado, Cláudia!

Não se passam cinco minutos e a responsável pelo departamento de pessoal entra na sala de Saul acompanhada por duas jovens.

Uma de nome Vera e a outra chamada Eliana.

Saul cumprimenta as recém-chegadas com muita cordialidade, mas seu olhar predador o denuncia, a ponto de Cláudia perceber a postura maliciosa.

Ele faz algumas perguntas e, após a leitura dos currículos, agradece a possibilidade de contar com uma das duas competentes e promissoras secretárias.

Saul diz algumas frases de efeito, dentro do protocolo. Afirma que iria pensar com calma e que a resposta seria dada em breve.

Todos se despedem e Cláudia se retira com as duas jovens.

Minutos depois, ela liga consultando Saul sobre a escolhida.

— Pelo currículo e apresentação das candidatas, eu gostaria de contar com a senhorita Eliana.

— Pode deixar, senhor Saul. Amanhã ela estará à sua disposição para o trabalho.

— Ótimo!

CAPÍTULO 17

REVOLTA

No domingo...

— Cadê o Daniel?

— Me desculpe, Valério, mas a Sarah não autorizou a vinda dele. Ela me disse que apenas após a decisão do juiz sobre a guarda do menino é que irá adotar uma rotina de visitas comigo.

— Lamento, Saul!

— Olá, Saul! – Antônia aproxima-se, cumprimentando-o.

Raquel chega logo atrás, correndo feliz, mas se decepciona ao ser informada da ausência de Daniel.

A casa está movimentada com alguns membros da igreja.

As conversas permeadas de gargalhadas revelam grande animação.

Após quase uma hora de conversa, o almoço é servido.

Valério, que estava muito feliz com aquele evento, convida a todos para apreciarem a qualidade da culinária servida.

Tudo caminha bem e o som dos talheres que tocavam as louças é interrompido pelo ruído estridente da campainha.

A atenção de todos se volta para os recém-chegados que são anunciados, para alegria de Raquel.

Saul se surpreende com a chegada de Sarah e Daniel.

Valério, ao lado dele, comenta:

— Espero que não se incomode. Quando você me disse que ela não tinha concordado com a vinda de Daniel, tomei a liberdade de pedir para a Antônia ligar e a convidamos a participar do almoço conosco.

Saul mal engole a primeira porção de salada que estava em sua boca. Ele leva alguns segundos para se recompor da situação embaraçosa.

Mal consegue dissimular o desconforto.

Sarah, que estava belíssima, caminha até ele e estende a mão, cumprimentando-o.

Daniel, ao vê-lo, surpreende a própria mãe porque corre em direção ao pai e o abraça.

Antônia e Valério tudo acompanham, observando as reações de Saul.

— Eles sempre serão muito bem-vindos a minha casa, Saul. Minha família adora a Sarah e o Daniel.

— Sim, Valério... sim... eu sei.

Tudo se acomoda e o almoço transcorre em perfeita harmonia e animada conversação. Após a sobremesa, Valério chama Saul para uma conversa no escritório.

— O almoço estava bom, Saul?

— Sim, Valério, excelente!

— Bem, meu amigo, você sabe que a nossa amizade é uma joia preciosa ao meu coração.

— Sei, sim, claro.

— O que eu vou te dizer agora, embora pareça cruel, nasceu de um consenso dos dirigentes da igreja.

— Mas eu não participei de nenhuma reunião da direção... – Saul comenta, revelando estranheza.

— Eu explico, meu amigo.

— Fale logo, pois suas colocações me causam surpresa.

— Bem, a direção da organização decidiu te transferir para cuidar apenas da administração da nossa rede de comunicação.

— Não estou entendendo!

— Não é nada pessoal, mas devido à sua separação, e você sabe que a família tem um peso muito grande para a direção da organização, necessitamos ter como referência pessoas com uma estrutura familiar sólida.

— Eu fui traído! O que deveria fazer?

— Entendo seus argumentos; contudo, foi uma decisão da direção e fui voto vencido nessa decisão.

— E a minha candidatura?

— Pois é, o projeto da sua candidatura também foi interrompido. Precisamos que o nosso representante suba no palanque acompanhado da própria família. Como poderemos oferecer à sociedade um projeto novo que não contemple a ideia de uma família fortalecida?

Saul sentia o chão sumir sob seus pés.

Todos os seus sonhos estavam ruindo, o que fazer agora?

Num rompante de revolta, ele se levanta e ergue a voz:

— Fui traído e agora sou apunhalado pelas costas? É isso que ganho com anos de dedicação a essa igreja?

— Acalme-se... abaixe o tom da sua voz, porque sua irritação não vai resolver nada. Sei como está se sentindo, mas essas decisões foram tomadas por um conselho.

— Um conselho de pessoas caquéticas? Elas não sabem de nada!

— Em nome da nossa amizade, peço que se acalme.

Saul não consegue administrar a revolta que invade seu coração.

— Tanta dedicação, tanta luta para ser tratado dessa maneira injusta?

— Se você tiver paciência, espere, porque as coisas mudam com o tempo. Veja a situação por outro ângulo. Estão te colocando à frente das nossas emissoras de TV, das nossas mídias. Você será o responsável por tudo isso. Poderá refazer sua vida, e seu afastamento das pregações evitará que seja cobrado por esse ou aquele religioso. Vá para casa e procure se acalmar. Amanhã, tenho certeza de que sua compreensão será outra. Escute o que o seu amigo está falando.

Saul não consegue disfarçar o mal-estar, mas ainda tem tempo para mais uma pergunta:

— Pelo menos me diga uma coisa: quem é que irá assumir a condução da igreja no meu lugar?

Valério olha nos olhos do amigo e fala com tom sereno:
— Serei eu...

Lágrimas brotam dos olhos de Saul, seu peito explode e ele sente vontade de agredir Valério.

Num esforço sobre-humano e sem dizer qualquer palavra, ele se retira do escritório e anseia por sumir daquele lugar.

Ao vê-lo, Daniel corre em sua direção, mas, mergulhado em profunda contrariedade, Saul não dá a mínima atenção ao menino.

Sarah de longe observa mais uma vez o filho sendo posto de lado pelo próprio pai.

Pelo que ela conhecia da organização, sendo uma ação injusta ou não, a igreja sempre costumava privilegiar a manutenção da família.

Quando percebeu que Valério se retirou da presença de todos junto a Saul, ela tinha quase certeza de que algo inusitado iria acontecer.

Em outras oportunidades, alguns membros da igreja com posição relevante na organização também foram afastados para preservar a própria imagem. Embora soubessem ser mentira, fingiam acreditar que no seio da organização todos mantinham seus grupos familiares unidos.

Ao passar pelo grande jardim da casa, outros convidados interpelam Saul para uma conversa informal, mas ele se retira rapidamente de cabeça baixa.

Antônia, que de longe também testemunhou o acabrunhamento de Saul, sorri murmurando entre dentes:
— Isso é apenas o começo da sua derrocada.

CAPÍTULO 18

VINGANÇA

Saul saiu aturdido do almoço.

Não conseguia acreditar que depois de anos de dedicação era tratado daquele jeito, com tanto desrespeito.

Precisava encontrar uma maneira de mudar as coisas.

Alimentando profundo rancor em sua alma, ele buscava uma saída.

Precisava se vingar, e Valério fazia parte de toda aquela trama.

É claro que sim – imaginava –, tudo aquilo foi armado para poder humilhá-lo.

Havia muito tempo que ele e Antônia queriam destruí-lo para que Valério subisse na hierarquia da organização.

Os pensamentos se atropelavam na mente transtornada do agora ex-líder da igreja.

E Saul mergulhava mais e mais nos sentimentos e pensamentos de ódio e vingança.

Circulou pelas ruas da cidade para pensar melhor.

O que fazer para ir à forra?

Decidiu estacionar o carro para tomar um café em um local movimentado.

Entrou e procurou uma mesa discreta onde pudesse raciocinar.

Uma jovem atendente lhe estendeu o cardápio.

— Uma água com gás e um café.

— Mais alguma coisa, senhor?

— Não.

A jovem ouviu a negativa e, mordendo a ponta da caneta, girou nos calcanhares para atendê-lo.

Ele conferiu o celular e as última mensagens.

Nesse momento, um jovem entrou na lanchonete distribuindo alguns folhetos.

O garoto estendeu a mão oferecendo a ele o pequeno prospecto.

Saul ignorou a mão estendida e se voltou para o celular.

O jovem então deu de ombros e largou sobre a mesa o folheto com o anúncio comercial.

O café chegou acompanhado pela água com gás borbulhante.

De maneira quase ritualística, ele apanhou um sachê com adoçante e abriu a ponta do pequeno envelope.

Fascinado pelo pó branco que caía e desaparecia na bebida preta, Saul esperava pacientemente que o conteúdo se esgotasse, como o tempo a escorrer pela ampulheta.

Pegou a pequena colher e ritmicamente perdeu a noção das vezes que ficou dando voltas na pequena xícara.

Nesse momento, o olhar passeou pelo ambiente e, sem observar nada que merecesse sua atenção, pousou sobre o folheto, cuja imagem principal mostrava uma mulher belíssima em trajes provocativos.

Era a propaganda de um *night club*.

Nesse instante, um sorriso iluminou o rosto de Saul.

Numa velocidade ansiosa, seus pensamentos viajaram no tempo.

Ele voltou alguns anos atrás, quando, numa noitada às escondidas, ele e Valério foram se divertir com *strippers* num *night club*.

Os dois amigos juraram guardar aquele segredo para sempre, mas sua mente fervilhava em busca de algo que ele pudesse usar para destruir o novo líder da organização.

Já fazia alguns anos, mas a memória ainda guardava aquela noite que marcaria a vida deles para sempre.

Quando chegaram ao *night club*, os dois ficaram de olhos arregalados contemplando as dançarinas seminuas.

Logo foram cercados por duas garotas que pediram que eles pagassem alguma bebida.

Envergonhados por não tomarem bebidas alcoólicas, na época deixaram que elas escolhessem o que quisessem e sem graça acompanharam o mesmo pedido.

A garota ao lado de Valério era tímida, mas muito bonita.

Já a que estava ao lado de Saul não poupava ousadia e, de maneira provocante, o beijava no pescoço.

Entre um gole de café e um pouco de água, as lembranças corriam pela mente de Saul como uma sequência viva de *slides*.

Depois de algum tempo e já sob o efeito da bebida eles saíram dali levando as garotas.

Após se instalarem em um motel, cada casal viveu sua noite de emoção e prazer.

Saul se encantou com a garota e, depois daquela noite, outros encontros aconteceram.

Ele prometia a ela sentimentos que na verdade não tinha como ofertar.

Mas, em troca do prazer que ela sabia oferecer, ele manteve aquele caso por poucos meses.

Iludiu-a como pôde, e desprezou-a como ninguém, deu alguns presentes, mas depois que se cansou, expulsou-a da sua vida.

E foi em uma das noites em que Valério foi até o apartamento do amigo, que ele encontrou aquela garota chorando na porta do edifício.

Sensibilizado, Valério quis levá-la dali.

Conversaram longamente e ele tentou alertá-la para não procurar mais por Saul.

E aconteceram novos encontros e outras conversas.

A ajuda que ele dava transformou-se em companhia; a conversa, em carícias; a amizade, em compromisso que virou casamento. O nome da noiva: Antônia.

Saul pediu outro café e se acomodou na cadeira.

Riu por dentro, porque havia encontrado o caminho para se vingar de Valério e, por tabela, acabar com a soberba daquela "prostituta" que lhe vendera prazer.

Precisava apenas arquitetar um plano para pôr em prática.

Gargalhou sinistramente quando rememorou um dos dias em que a mandou embora, pois lembrou-se do momento em que Antônia confessara que o amava.

*

— Me desculpe, Sarah – Valério disse. – Por esse momento, que sei ser delicado para você e o Daniel.

— Não se preocupe, Valério. Não me senti constrangida, apenas triste por observar a máscara de Saul despencar na frente de todos.

— Saiu-se muito bem – comentou Antônia. – Sarah, como tantas mulheres, se cansou de ser trocada e humilhada. Essas coisas provocam feridas na alma difíceis de serem cicatrizadas.

— Tive que dizer a Saul sobre a decisão da organização e sei que ele ficou com raiva e decepcionado – disse Valério.

— Não foi sua culpa, meu amigo – devolveu Sarah. – Foi inocência da parte dele acreditar que nossa separação não traria consequências para a carreira dele.

— Sarah, na verdade, já se comentava nos corredores da organização o assédio de Saul sobre algumas funcionárias – Valério comentou sem graça.

— Eu imaginava isso, nada mais me surpreende.
— Saul está pagando o preço da humilhação que promove na vida das pessoas – Antônia afirmou com certa dose de rancor na voz.

CAPÍTULO 19

FLAGRANTE

Contrariado, Saul mudou de sala e de andar, passando a ocupar a gerência geral do setor de comunicação da organização.

Nos primeiros dias teve imensas dificuldades em se adaptar à nova realidade; contudo, à medida que as semanas avançavam, ele foi percebendo que a nova posição não era tão ruim como imaginara a princípio.

Ao se despedir do antigo departamento e da direção da organização, ele fez um único pedido a Valério.

Era seu desejo que a nova contratada como sua secretária o acompanhasse no novo desafio.

Valério atendeu ao pedido do amigo e Eliana foi transferida de departamento.

Conforme os dias foram passando, Saul também avançou em busca de intimidades com a nova secretária.

A jovem era astuta, e, ao mesmo tempo em que sinalizava a concessão de liberdade ao intrépido chefe, também recuava assumindo um papel pudico, o que a tornava mais cobiçada aos olhos de Saul.

Os convites para almoçarem e jantarem juntos, assim como tantos outros eventos, se sucediam.

Habilmente Eliana se esquivava, mas sem tirar as esperanças do chefe.

Saul enlouquecia de desejo.

A secretária era muito bela e usava roupas que realçavam seus dotes femininos.

Ela agia como se estivesse instigando o caçador na direção da caça.

Sem saber como agir para obter a realização de seus intentos, Saul passou a presenteá-la.

Joias caríssimas eram ofertadas à bela mulher entre uma reunião e outra de trabalho.

Ele sentia o fogo do desejo abrasar sua alma.

Sonhos eróticos com a secretária faziam com que ele despertasse no meio da noite sempre em estado febril, aturdido.

Saul tornara-se um homem sem paz.

Certa manhã, Eliana atendeu uma ligação e a transferiu para ele:

— Alô...

— Saul, sou eu, Sarah. Liguei para o escritório porque você não atende às minhas ligações no celular.

— Ah... sim. Como vai, Sarah?

— Estou bem! E se não fosse por Daniel, você não teria o desprazer de ter que falar comigo!

Ele se manteve em silêncio.

— Você sabe me dizer há quanto tempo não fala com seu filho? Tem ideia de como a sua atitude afeta a formação emocional do Daniel?

— Eu não tenho tempo, Sarah. Ando trabalhando muito...

— Tempo a gente sempre arruma para as nossas prioridades. Admita que não quer vê-lo.

— Não quero mesmo – ele falou irritado. — Qual é o pai que quer ver um filho como aquele?

— Um filho como? – ela questionou indignada.

— Aquela aberraçãozinha que você diz ser meu filho!

— Você é cruel demais, Saul! Um homem que o poder transformou e deformou. Onde está o cristão que eu conheci? Você deveria respeitar seu filho, pois ele é fruto do amor que você disse sentir por mim um dia.

— Será que ele é mesmo meu filho? Um homem como eu não produziria um fruto afeminado como aquele! Sinto nojo do Daniel, tenho vergonha de ser pai dele, se é que sou!

— Suas palavras fazem com que eu desista definitivamente do esforço que empreendo para que seu filho guarde uma boa imagem do pai dele. Sempre justifico sua ausência na esperança de que em algum momento você caia em si e assuma seu papel. Não vou denegrir a imagem que ajudei Daniel a construir de você, mas daqui para a frente não esconderei mais nada dele. Todas as vezes que ele me indagar se é verdade o que comentam a seu respeito, permitirei que ele mesmo perceba e descubra tudo sozinho, sem que eu crie uma bolha ilusória para proteger o pai que nunca existiu e não quer saber dele.

— Não faço questão de ser pai dele, nunca fiz e não farei. Ele me envergonha com aquele jeito de bicha.

Sarah desligou o telefone e chorou muito por ter se enganado a respeito do homem que um dia acreditou conhecer.

※

Assim que encerra a ligação, Saul chama Eliana.

— Pois não... – ela fala logo que entra.

— Sente-se, preciso que anote algumas coisas.

— Como queira, vou anotar suas orientações.

— Isso, Eliana, mas feche a porta antes de começar.

Ela anda pela grande sala e atende ao pedido de Saul.

Enquanto Eliana caminha aqueles poucos metros para fechar a porta, ele mergulha em imagens mentais de erotismo e desejos.

A paixão assume o comando de seu raciocínio e a lucidez desaparece, então ele inicia seu ritual de sedução.

A jovem se acomoda para escrever no bloquinho.

— Escreva aí: "A sua presença enche de delírios e sonhos a minha vida...".

— É para escrever isso? – Eliana pergunta com estranheza.

— Mas é essa a realidade, você desperta em mim uma paixão avassaladora. E eu sou capaz de tudo para tê-la em meus braços.

Nesse momento, ele se aproxima dela e sofregamente busca seus lábios para beijar.

Ela reluta, mas ao mesmo tempo cede.

Então ele se sente encorajado para dar vazão aos seus instintos mais grosseiros.

Acreditando que atingiria seus objetivos, Saul desata o cinto da calça e, quando ela está arriada na altura dos joelhos, Eliana empurra-o com força.

Saul cai pateticamente e a secretária corre na direção da porta, abrindo-a e fugindo dali.

— Vadia, maldita... – ele grita enfurecido.

Nesse momento, Valério entra acompanhado de um segurança e Eliana, que retorna à sala.

— Não é bem isso que vocês estão pensando, o que foi que essa louca disse a meu respeito?

— Ela não disse nada que não possamos provar, Saul.

— Como assim, Valério? Você prefere acreditar nessa aventureira desclassificada?

— Tudo que você vem fazendo nos últimos dias está gravado, Saul.

— É crime, invasão de privacidade...

— Isso é a preservação da nossa igreja e da nossa organização. Não darei publicidade a tudo que aconteceu aqui, para preservar sua vida, não envergonhar sua família, que não merece tudo isso. Vamos preparar um contrato de desligamento e você irá assiná-lo sem qualquer reclamação. Caso você tente criar problemas, levaremos as imagens para as redes sociais e eu não preciso dizer o que irá acontecer. Aproveite essa situação lamentável para refletir e mudar sua vida.

Saul mordia os lábios.

Seu olhar fuzilava Eliana com imenso ódio.

Tudo foi armado para que fosse pego em flagrante.

— Pode se retirar, Saul. Nossos advogados irão procurá-lo para assinar o distrato do nosso compromisso.

Envergonhado, mas destilando profundo ódio, ele pega sua pasta e sai da sala.

Mentalmente, Saul jura vingança.

Precisaria pensar em novo plano, porque Valério agora tinha em suas mãos o trunfo das imagens.

Todo cuidado era pouco.

Saul caminha para o corredor para tomar um dos elevadores que o levariam para garagem onde seu carro estava estacionado.

À medida que passava por outras salas e cruzava com os funcionários da organização, era clara a impressão de que todos sabiam do acontecido.

Diante de tudo aquilo, sem ter o que fazer, ele apressa os passos e baixa a cabeça para não ter de encarar ninguém.

CAPÍTULO 20

SETE ANOS DEPOIS

— Eu não quero mais ir à igreja, mãe!

Sarah ouviu as palavras do filho em silêncio.

Ela sabia que um dia aquilo aconteceria.

— Você pode me dizer por quê?

— Eu sofro bullying na igreja. Sou deixado de lado por todos. Ouço piadinhas.

— E os evangelizadores, fazem o quê?

— Fingem que não estão vendo! Me ignoram! Sinto que minha presença incomoda. Acho que se eu não for mais lá será um alívio para todos os frequentadores.

Sarah sentiu um vazio por dentro, uma tristeza imensa invadiu sua alma.

Ela cogitou intimamente: *Se eu, que sou uma criatura imperfeita, tenho o maior amor do mundo pelo meu filho, certamente Deus o ama muito mais do que eu.*

— Mãe...

— Fale, Daniel!

— Eu não acredito que Jesus esteja naquela igreja, não sinto isso nas pessoas.

— Na verdade, Daniel, Jesus não deve estar nas igrejas, mas no coração da gente. Não ligue para comentários desagradáveis. Você é muito importante para minha vida.

Sarah abraçou o filho e, acolhendo-o amorosamente, mergulhou em muitas lembranças e reflexões.

Na adolescência, as lutas de Daniel aumentaram, mais do que no período infantil.

Mas o menino era talentoso e muitos gostavam dele na escola.

É claro que alguns garotos o perseguiram e tentaram até mesmo agredi-lo, mas o tempo foi acomodando tudo e ele era muito querido pela maioria.

Daniel demonstrava uma tendência expressiva para a escrita.

Ganhou o concurso de redação e escreveu um conto que se tornou famoso não apenas em sua escola, mas também ganhou menção honrosa da Secretaria da Educação.

Não obstante, a beleza do seu talento não o protegia das perseguições e dos preconceitos.

Ele enfrentava tudo com muita serenidade, mas sua grande dificuldade era lidar com a indiferença do pai.

Essa realidade ganhava mais peso quando Daniel observava à sua volta os pais dos seus amigos se dedicando aos filhos.

Sentia um vazio imenso em sua vida.

Seu maior sonho era conviver com o pai.

Em várias ocasiões, Sarah renunciou ao seu orgulho e, por amor ao filho, procurara por Saul.

Ele rechaçava de maneira veemente a presença do filho. Saul não admitia vê-lo em hipótese alguma.

Ela seguiu fazendo o possível a seu alcance.

Os gastos foram reduzidos, desde que Saul perdeu o alto salário que recebia na organização.

Na época, Valério foi obrigado a dizer a Sarah por que os proventos de Saul e a consequente diminuição da pensão sofreriam brutal redução.

Ela escandalizou-se, embora seu ex-marido já a tivesse decepcionado tantas vezes em outras circunstâncias.

Constrangida pela situação que se tornava mais difícil a cada dia, ela voltou a trabalhar e assumiu as despesas da educação do filho.

Em uma das vezes em que procurara Saul, o ex-marido atirou no rosto dela as fotos do que ele acreditava ser o flagrante adultério.

Ao ver as fotos, ela riu.

— Eu já sabia que você queria inventar uma situação para se livrar de mim e do Daniel, por isso, nem me preocupei em me defender. Mas, para aumentar sua vergonha, eu não posso perder a oportunidade para lhe fazer uma confissão. Essas fotos foram tiradas na saída da clínica de psicologia onde eu levei Daniel para tratamento. Todavia, ele se sentia mais confortável emocionalmente com a psicóloga da escola. Então, eu passei a fazer o tratamento no lugar dele na clínica. Os abraços na despedida eram trocados com meu ex-namorado, que coincidentemente se tornou psicólogo e é um grande amigo. Era essa a traição, ou a desculpa que você inventou para abandonar sua família? Pois saiba que foi ele quem me ajudou a superar o período no qual seu desprezo quase destruiu a minha vida e a vida do meu filho.

Saul silenciou envergonhado, pois ele sabia que havia forçado uma situação, sem ao menos conversar com Sarah sobre as fotos.

Era preciso criar uma verdade para ele acreditar e justificar o desejo de se liberar da família.

*

Daniel suspira e ela retorna dos pensamentos e das lembranças nas quais estava mergulhada.

— Não se preocupe, filho, tudo vai ficar bem. Eu gostava de ir à igreja, mas confesso que ficava de olho em todas as pessoas, porque eu tinha medo de que alguém te magoasse.

— Mãe...

— Oi, Dani, diga.

— Eu gostaria muito de me encontrar cara a cara com Deus...

— Ora! Eu também gostaria de ter esse encontro.

— Minha vontade era olhar nos olhos Dele e fazer apenas uma pergunta.

— Mas, meu filho, tanta gente quer se encontrar com Deus e você gostaria de fazer apenas uma única pergunta?

— Isso mesmo!

— Agora fiquei curiosa, que pergunta é essa tão importante?

— Se eu pudesse me encontrar com Deus eu perguntaria a Ele por que eu sou assim. Por que Ele me fez desse jeito?

Sarah compreende a profunda indagação que ia na alma de Daniel e sente uma intensa emoção.

— Mãe...

— Oi, Dani.

— Já que Deus não está aqui, e dizem que as mães são suas representantes, me responde a senhora. Por que Deus me fez assim?

— Deus te fez assim porque o mundo precisa de pessoas especiais como você.

— Eu sou chamado de bicha, de aberração e tantas outras coisas horríveis...

— Ora, meu filho, o mal dos outros não pode ser o seu. As pessoas falam isso para você porque guardam preconceitos e maldades dentro delas.

— Eu sei que sou diferente, mãe, até meu pai já disse isso e me despreza por eu ser como sou.

— Não se envergonhe de ser quem você é. Se sua consciência está tranquila, não deve se envergonhar de ser um garoto especial. Quando Deus te mandou para este mundo através da minha barriga, certamente estava mandando um recado para as pessoas que vivem aqui. Deus quis dizer: "Respeitem os que segundo seus pobres conceitos são diferentes, pois eles também são meus filhos. E eu os envio ao mundo para que amem a essência das pessoas e não a forma que elas têm!".

— Puxa, mãe! Será?

— É claro que é! Se eu sou mãe, sei muito bem o que digo. Não foi você mesmo quem disse que as mães são as representantes de Deus na Terra?

— É verdade, eu disse!

— Então, se os homens ouvissem as mães, haveria menos ódio no mundo. As pessoas seriam mais felizes.

— Eu preciso lhe confessar algumas coisas.

— Estou pronta para ouvir, pode falar!

— Já pensei muitas vezes em me matar...

Sarah se estarrece com aquela revelação.

— Por que isso, Daniel? – ela indaga com a voz embargada.

— Vergonha de ser assim como eu sou. Sofrimento em saber que meu pai se envergonha de mim. Muitas vezes cheguei da escola e fui direto para o banheiro levando uma lata de veneno de rato que comprei no mercado para acabar com minha vida.

— Não sei o que dizer... – Sarah comenta com os olhos marejados. — Eu te amo tanto, queria que meu amor lhe bastasse e que você soubesse o quanto é importante na minha vida.

— Eu preciso me sentir importante para a minha vida, mãe!

— Você ainda pensa em fazer isso?

— Não, faz tempo que não penso nessas coisas. Só me cortei algumas vezes com a lâmina do meu apontador da escola.

Novamente, Sarah sente o chão abrir-se embaixo dos seus pés.

— Mas, como eu não vi isso?

— Foi naquela fase em que eu só andava de blusão e capuz na cabeça. Eu usava o agasalho justamente para esconder os cortes no braço.

— E você nunca conversou com ninguém sobre isso?

— Nesses dias eu conversei muito com a Raquel lá na igreja, porque ela me conhece desde sempre e me compreende muito bem.

Sarah sente-se impotente diante daquelas revelações e tenta argumentar:

— Se puder não esconder nada de mim, eu ficarei mais segura agora, pode ser?

— Sim, mãe! Eu não tenho mais nada a esconder.

— Posso ver o seu braço?

— Pode, mãe, mas quase todas as marcas já sumiram.

Ela olha cada milímetro no braço do filho e vê pequenos riscos, cicatrizes das dores em sua alma.

Sarah chora e comove Daniel.

— Não fica assim, mãe, eu já me aceito como sou. Antes nem eu mesmo queria conviver comigo, entende?

— Entendo sim, Dani.

Eles se abraçam.

— Por favor, me diga se está precisando de ajuda. Posso fazer alguma coisa?

— Pode, mãe, confie em mim! É só disso que preciso agora, mais nada.

— Eu confio, Dani! Eu confio.

— Esse é meu melhor presente.

— Mas você promete me procurar caso se sinta incomodado com alguma coisa?

— Prometo, mãe, mas fique tranquila, agora só quero estudar e realizar meus sonhos.

CAPÍTULO 21

PRECONCEITO

Alguns dias se passaram. Sarah arruma algumas coisas em casa quando seu celular toca.

O nome de Valério aparece identificado no aparelho.

— Alô...

— Sarah, como vai?

— Estou bem, Valério.

— E o Daniel?

— Ele está bem, muito bem.

— É que não o tenho visto mais nas reuniões dominicais feitas para os jovens. Aconteceu alguma coisa?

— Ora, Valério, você sabe que sim. Meu filho se afastou por causa da discriminação.

— Eu sei, Sarah, não posso ser hipócrita, sei exatamente o que está acontecendo com Daniel.

— Enquanto os que se dizem representantes do Senhor tratarem seus semelhantes como aberrações, acredito que a igreja não cumprirá o papel de casa de Deus.

— Estou ligando para me desculpar e revelar minha impotência diante desses fatos. Aqui em casa gostamos muito do Daniel, mas eu não tenho como controlar o comportamento dos outros na igreja.

— Entendo sua posição, Valério, mas a omissão é cúmplice da discriminação e da maldade promovida pelos ignorantes.

Valério dá razão a ela, pois se orgulhava de agir coerentemente.

— Você tem toda razão, Sarah, mas infelizmente estou de mãos amarradas.

— Eu compreendo, as pessoas preservam os próprios interesses e não abrem mão disso, mesmo que sejam cúmplices de suicídios e dramas vividos por jovens que têm a condição do Daniel. Como meu filho me disse outro dia aqui em casa: "Mãe, Jesus não está naquela igreja, eu não sinto Ele nas pessoas".

— Gostaria de dizer que a Raquel está revoltada e não quer ir mais à igreja por causa do Daniel. Ela gosta muito dele.

— Os jovens têm muito o que nos ensinar, Valério, eles são mais sábios e poucos agem discriminando o seu semelhante.

— A direção da organização não aceita jovens assim.

— Assim como? Com dois braços e duas pernas?

— Assim como o Daniel, excessivamente sensível.

— Onde está seu comportamento cristão, Valério? Como você consegue olhar para o céu e se autoproclamar um pastor de Deus, quando não tem coragem de acolher um jovem como Daniel?

— Eu pensei em propor a você algumas reuniões de oração para a cura do Daniel.

— Meu filho não é doente, Valério. Infelizmente, você faz parte de um grupo de pessoas enfermas, que têm na hipocrisia a religião. Sempre te respeitei, mas me vejo na obrigação de dizer que Jesus não está na sua igreja como em muitas que existem por aí. Não existe cura para quem não está doente!

— Desculpe, Sarah.

Ele desliga o telefone e ela resmunga indignada.

Pensativa, Sarah mergulha em muitas lembranças, desde o nascimento do filho.

Viajando no tempo, ela se emociona com todas as etapas vencidas até agora.

Mesmo com tantas lágrimas e dificuldades, tudo tinha valido a pena.

Após rememorar tantas situações, ela se indagava sobre a manifestação religiosa dos homens, sempre marcada por interesses pessoais.

Pensa em Saul, que surgiu como grande liderança religiosa e terminou por se perder ante as ilusões do prazer.

Quando Saul iniciou a tarefa de falar sobre o Evangelho, seu verbo era inspirador, e não existia quem não se emocionasse diante daquela fala genuína e verdadeira.

No entanto, com o passar do tempo, a energia das palavras foi se perdendo, porque a força da fala está na vivência de quem a prega.

Saul não conseguiu lidar com a grande ascendência que tinha sobre as pessoas e com tamanha responsabilidade.

Os sofredores transferiam para o homem falível expectativas de santidade e moral das quais ele não era portador.

Dinheiro, fama e assédio foram os abismos em que Saul se precipitou.

Saul era um homem bom, e ela tinha certeza disso. No entanto, ele perdera sua essência quando se abandonou para atender aos apelos da ilusão.

No fundo do coração, o amor por Saul ainda resistia, embora a cabeça dela já tivesse retirado aquele personagem do seu mundo real.

A razão havia enterrado Saul, mas o coração ainda sentia o perfume dos primeiros dias do amor vivido.

Novamente o telefone toca e Sarah desperta das suas lembranças.

Ela olha para o identificador de chamadas e não reconhece o número.

Hesita se deve atender ou não, mas a insistência do toque acaba por convencê-la.

— Alô...

— Bom dia! O Daniel está?

— Ele não se encontra, mas pode falar, sou Sarah, a mãe do Daniel, em que posso ajudar?

— Meu nome é Cris e falo em nome da Secretaria Municipal de Cultura. Minha ligação é para informar que Daniel foi classificado para a fase final do concurso de jovens escritores, na categoria contos.

— Mas ele nem me falou que havia se inscrito para participar desse concurso... – Sarah comentou emocionada.

— Então vejo que minha ligação lhe trouxe grande alegria e emoção.

— Esse menino...

— Também enviamos por e-mail essa confirmação com todos os dados e datas da grande finalíssima, que será no Teatro Municipal.

— E quantos se classificaram?

— Foram dezenas de inscritos, mas apenas três são os finalistas. A senhora deve sentir muito orgulho do seu filho, parabéns!

— Ele sempre foi motivo de orgulho para toda a família, obrigada!

Sarah desliga o telefone e chora, num misto de alegria e certa dose de amargura.

Ela sabia que para Daniel a presença do pai na final do concurso seria o melhor presente.

Com ansiedade, ela espera o filho voltar da escola.

Enquanto isso, corre para preparar lasanha para o almoço, o prato favorito de Daniel.

Felizmente ela não tinha ido trabalhar naquele dia e pôde ser presenteada com aquele telefonema.

A manhã passa rapidamente.

Ela escuta o barulho da chave abrindo a porta.

— Oi, filho!

— Oi, mammy!

— Tudo bem com você? Como foi a aula?

— Normal.

— Você não tem nenhuma novidade?

— Não! Por que teria?

— Tem certeza?

— Sim, mãe... tenho certeza!

— Recebi um telefonema nesta manhã da Secretaria de Cultura.

Daniel, que estava de cabeça baixa vendo mensagens no celular, ergue o rosto e diz:

— O que eles queriam?

— Dizer que eu tenho um filho talentoso que se classificou para a grande final do concurso de contos.

— É... eu já sabia, vi no e-mail... – ele comenta desanimado.

— E você diz isso assim? Que desânimo é esse? Parabéns, meu filho! – ela vai até Daniel e o abraça, beijando-lhe a cabeça.

— Não sei se quero participar da final.

— Como assim? Não sabe se vai? Vai, sim, e eu estarei ao seu lado, como sempre!

— Não sei se quero participar desse concurso, mãe.

— Mas, Daniel, foram tantos concorrentes, e quantos não gostariam de estar no seu lugar?

— Vou pensar.

Sarah prefere não forçar nada naquele momento e decide aguardar mais uns dias.

— E quando será a final?

— Em quatro meses, tem um tempinho ainda.

— Está certo, Daniel, vou respeitar a sua escolha, mas voltaremos a conversar novamente, já que ainda temos tempo até a final do concurso. Pode ser?

— Pode, mãe, pode ser assim.

— Agora vá se lavar para o almoço, olha lá no forno o que estou preparando para você!

— Nossa! Lasanha!

– Isso mesmo! Um filho talentoso como o meu merece uma lasanha campeã.

— Não exagera, mãe! Pega leve!

— Daniel, posso fazer uma pergunta sobre o concurso?

— Pode, mãe, o que quer saber?

— Qual o título do conto que você escreveu?

— O Pai Pródigo.

Sarah sente-se emocionada diante das palavras do filho. Ali estava a chave do desinteresse dele pela final do evento literário.

CAPÍTULO 22

SAUL

Após sete anos, o inspirado orador vivia agora numa condição muito diferente da que experimentara em seus tempos áureos na liderança de uma das mais influentes organizações religiosas do país.

Assim que foi convidado a se retirar do antigo movimento religioso e ver seus sonhos de ascensão política e social destruídos, Saul procurou outras denominações religiosas para oferecer seus serviços como "homem de Deus", mas todas as portas se fecharam e ele não logrou nenhuma nova oportunidade.

Foi vítima da ironia e do sarcasmo de muitos que se diziam servidores de Jesus.

Experimentou na alma a falta de sentimento cristão dos que um dia tinham sido seus pares.

Excluído e discriminado, foi julgado e condenado sem qualquer consideração.

O ídolo de barro no qual ele se tornou foi sendo apagado e esquecido pelo vento do tempo.

Saul tinha plena consciência de que outros religiosos agiam da mesma maneira que ele, mas foram justamente esses os que mais o condenaram numa atitude de extrema hipocrisia.

Ele precisava sobreviver.

Mas a vida foi se tornando cada vez mais difícil e implacável.

Tentou por diversas vezes outra colocação; contudo, a sua queda era vertiginosa.

Decidiu deixar o orgulho de lado e procurou por pessoas que foram beneficiadas por sua atenção e ajuda quando ele era o dirigente mais respeitado da organização; entretanto, todos lhe viraram as costas.

Os recursos financeiros foram se esgotando e o crédito que antes lhe era oferecido por várias instituições financeiras não existia mais.

Pensou em procurar Sarah, mas faltava-lhe coragem para tal iniciativa.

Procurar Sarah significava ter de aceitar Daniel e ele podia suportar tudo, menos ser obrigado a conviver com aquele garoto daquele jeito.

Os dias foram passando e, sem que ele se desse conta, não havia mais dinheiro, não existiam mais os bajuladores do poder ao seu redor.

Algumas pessoas que foram suas amigas no passado agora eram vistas por Saul como suas inimigas, pois foram elas justamente que o advertiram da necessidade de empreender mudanças em sua vida.

O homem que tivera tudo – família, poder e posição invejável na sociedade – agora não possuía mais nada.

Sobrou apenas o carro, onde dormira por algumas noites, mas era preciso comer e cuidar da higiene pessoal.

O carro foi vendido, e com o passar dos dias os recursos advindos da venda de seu último bem material também se acabaram.

E sem que se desse conta, Saul estava na rua, dormindo no banco da praça ou sob a marquise das lojas da cidade.

Para escapar do frio e amenizar a fome, aceitou tomar alguns tragos para entorpecer os sentidos e o raciocínio.

Certa noite, sem ter o que comer, riu da própria miséria ao se recordar da parábola do Filho Pródigo.

Então chorou, pois fez um paralelo entre a sua vida, na qual já dispusera de inúmeros benefícios, e a condição invejável aliada à miséria experimentada pelo personagem da história contada por Jesus.

Seria ele uma espécie de filho pródigo?

E foram muitos os dias e as noites em que dormira ao relento.

Até que, extremamente debilitado, Saul foi acolhido pela ação generosa de pessoas que agiram com caridade e compaixão por sua miséria.

✻

Foi numa noite de quarta-feira que Sarah penetrou uma pequena sala, que, pela disposição, fora usada como ponto comercial.

Ali não estavam dispostas mais do que trinta cadeiras.

Ao chegar à porta, um jovem trajando terno, muito simpático e de Bíblia na mão, a recepcionou.

— A paz do Senhor, minha irmã, seja bem-vinda!

Ela o cumprimentou com simpatia, meneando a cabeça positivamente, e com discrição se acomodou na última fileira.

— Daqui a alguns minutos, o irmão Saul nos trará a palavras de Deus – foi informada pelo prestativo jovem.

Ela correu os olhos pelo ambiente e percebeu a simplicidade estampada nos olhares que buscavam esperança na mensagem do Evangelho.

Não se passaram muitos minutos quando Saul entrou e posicionou-se abrindo a Bíblia sobre o púlpito.

Ele estava muito magro e abatido.

Os ossos do rosto estavam bem pronunciados devido às aparentes desnutrição e anemia.

Sarah não deixou de notar a alegria daquelas pessoas humildes que demonstravam simpatia pelo pregador da palavra.

Ele folheava o livro sagrado e, quando localizou a citação preferida, ergueu os olhos observando os presentes. Foi nesse momento que Saul reconheceu Sarah no meio da assistência.

Puxou o nó da gravata sem tirar os olhos da ex--esposa.

Parecia querer afrouxar o nó do coração pelo inusitado daquela presença no meio do salão.

Sarah, por sua vez, sentiu que havia um certo constrangimento no ar, sorriu discretamente e meneou a cabeça em sinal de aprovação, como fizera tantas vezes durante o período em que foram casados e ela o apoiava.

Ela olhou à sua volta e de certa forma estranhou, pois o público em sua maioria era composto de pessoas que denotavam no gestual e nas palavras, no caso dos homens, traços patentes de feminilidade.

E em algumas das mulheres presentes, estava evidenciada a exteriorização, até mesmo no vestir, de posturas que revelavam discreta masculinidade.

O estranhamento nascia da aversão que tantas vezes Saul revelara no preconceito contra o próprio filho.

A princípio, o experiente orador teve dificuldades em discorrer sobre o assunto, parecia estar nervoso.

Todavia, não foi preciso aguardar muito tempo para que o velho e inspirado Saul se mostrasse novamente com todo o encantamento das suas palavras.

A descrição que ele fazia das passagens evangélicas transportava os ouvintes para as paisagens bucólicas dos tempos de Jesus.

Lágrimas brotavam dos corações presentes, que ouviam embevecidos as palavras de esperança cantadas por Saul.

Os minutos emocionantes passaram rapidamente, e o culto religioso chegou ao fim.

Praticamente todo o contingente da pequena assembleia foi manifestar gratidão pelas palavras através de um abraço ao inspirado orador.

Sarah permaneceu ali sentada aguardando a oportunidade de falar com o ex-esposo.

Ainda foram necessários alguns minutos para que o entusiasmo dos presentes arrefecesse.

Saul pediu a todos que contribuíssem com o pouco que tivessem em recursos financeiros para ajudar a instituição e suas obras de assistência.

Após o pedido, pôde-se ouvir o tilintar de algumas moedas que foram recolhidas pelo ajudante.

Assim que as despedidas e os agradecimentos terminaram, Saul pediu ao seu auxiliar para ficar a sós com aquela mulher.

A porta de ferro do que certamente teria sido um dia um comércio de bairro foi baixada, e Saul sentou-se ao lado de Sarah.

— Como vai, Saul?

— Estou aqui no bom combate, tentando me reerguer.

— Faz algum tempo que não nos vemos, não é?

— Sim, Sarah, faz muito tempo.

— Eu vim...

— E o Daniel como está?

— Bem... – ela disse num tom quase inaudível devido à emoção que experimenta, afinal, era a primeira vez que ela ouvia Saul perguntar pelo filho.

— Que bom... – ele falou com discrição.

— A vida não está muito fácil para você, não é?

— Estou no tempo de colher tudo o que plantei.

— Entendo – ela falou compreensiva, sem o desejo de constrangê-lo.

— Quero te agradecer, Sarah.

— Agradecer o quê?

— Eu nunca mais pude pagar a pensão do Daniel e você poderia ter me colocado na cadeia, mas não o fez.

— Não sinto prazer em vinganças, Saul. Acredito que o perdão seja a melhor coisa a fazer.

— É verdade, concordo com você. Desde que fui convidado a sair da organização, após os erros que cometi, venho passando por muitas situações difíceis. Cheguei a bater em algumas portas pedindo ajuda. Dormi na rua muitas vezes e tive as estrelas como teto. Não estou me queixando, só queria te contar. E quando recebia por caridade de alguém um prato de comida, me lembrava da mesa farta da nossa casa. Adoeci e precisei da ajuda de pessoas humildes que repartiam comigo o pouco que tinham. Em algumas ocasiões dormi embriagado, mas felizmente não mantive o hábito que me levaria ao vício sem volta.

Ele interrompeu a narrativa, pois foi acometido de uma tosse intensa.

Sarah se compadeceu do estado em que se encontrava o pai de Daniel, que tivera tudo para semear o bem e a esperança na vida de seus semelhantes.

Ela viu em cima de pequena mesa uma garrafa de água, apanhou e o serviu, enchendo um copo plástico.

Saul tomou alguns goles e amenizou a crise de tosse.

Os olhares se cruzaram e ela percebeu abundantes lágrimas a correr pela face daquele homem que um dia viveu adornado de orgulho e cupidez.

— Peço que me desculpe, mas preciso continuar. Ainda hoje vivo sem paz e o arrependimento me consome a alma.

— E como tem vivido? Onde está morando?

— Fui acolhido por um casal que, ao ver minha penúria, teve compaixão da minha situação e me levou para a casa deles. Aquele jovem que te recebeu aqui no começo do culto é filho adotivo dessas pessoas verdadeiramente cristãs. Eles me encontraram desmaiado na rua e me levaram para um posto médico. Ficaram ao meu lado enquanto eu era atendido. Esperaram que eu tivesse alta, compraram remédios e me levaram para viver numa espécie de abrigo, que se transformou no meu novo lar.

— Pessoas assim são raras nestes dias, Saul.

— Cristãos desinteressados e verdadeiros são mais raros ainda. Eu venho aprendendo muito com eles, Sarah.

— Nossa, fiquei curiosa para conhecer esse casal.

Por um instante, Sarah teve sua curiosidade aguçada sobre o público presente, mas decidiu silenciar.

— Um dia, quem sabe... – Saul sorriu sem graça, secando com as costas das mãos as lágrimas que havia derramado. – Por que você veio atrás de mim? Como me encontrou?

— Pedi ajuda a Valério, e você sabe que qualquer igreja, por menor que seja, não escapa aos olheiros da organização espalhados por toda cidade. Não foi difícil para ele obter a informação de que uma pequenina igreja estava surgindo aqui na periferia. Quanto ao motivo de eu estar aqui, não imagina?

— Não sei, Sarah, seria o Daniel esse motivo?

— Sim, Saul... o motivo é o seu filho.

— E eu ainda posso me considerar pai dele, depois de tudo que fiz?

Sarah notava no tom de voz de Saul uma vibração diferente.

A belicosidade que normalmente ele demonstrava ao se referir ao filho não era sentida em sua fala.

A voz de Saul estava carregada de certa amargura, mas também de um discreto toque de ternura.

— Fale-me de Daniel, Sarah, o que aconteceu com ele nos últimos anos?

— Sim, Saul, eu posso falar, mas antes me diga, você fundou uma igreja?

— Na verdade não foi ideia minha, mas das pessoas que me acolheram. Estamos felizes, pois chega gente nova a cada dia.

— Como conseguiram esse espaço?

— Assim que recuperei minha saúde, contei a minha história para as pessoas que me ajudaram. Eu queria retribuir de algum jeito o que fizeram por mim, mas não sabia o que fazer, nem tinha como. Foi quando me propuseram alugar este espaço, que já foi um botequim e ponto de distribuição de drogas, para que eu criasse um espaço religioso e de pregação. Este bairro, disseram meus benfeitores, precisa de pessoas que semeiem o bem. Aceitei a ajuda e encontrei uma forma de pagar minha dívida, trabalhando justamente no que sei e amo fazer.

— Deus lhe deu uma nova oportunidade, Saul, parece até coisa de novela. Acho que é para você fazer o caminho de volta, ajudando pessoas necessitadas do corpo e da alma.

Saul ouviu as palavras de Sarah e começou a refletir sobre tudo aquilo.

E voltando do silêncio a que voluntariamente se entregara, pediu:

— Fale-me de Daniel...

Sarah iluminou o rosto com um sorriso sincero, e disse:

— Falar de Daniel é fácil. Ele é um rapaz de muitas virtudes e muito talentoso, e foi por isso que vim te procurar. Seu filho é finalista em um concurso promovido pela Secretaria Municipal de Educação. Ele me escondeu isso, porque não acha que valha a pena participar da final do concurso sem a presença do pai.

— Como assim?

— A figura paterna tem muita importância na vida do Daniel e ele sonha com o dia em que poderá conviver com você. Ele gostaria de compartilhar todas as conquistas que obtém com o pai dele. Por isso, estou aqui.

— E o que posso fazer, Sarah?

— Se desejar reconstruir sua relação com seu filho, a hora é essa. Temos poucos meses até a final do concurso, e eu vim te pedir para estar presente na premiação.

Uma nova emoção tomou conta de Saul, e ele chorou.

— Mas o que é isso, Saul? Chorando novamente? Parece que esses anos de separação e sumiço o deixaram com o coração fragilizado.

— É que me recordo das noites que dormia na rua – ele falou emocionado. – Foram muitas as vezes em que eu pedia a Deus a oportunidade de fazer algo que pudesse consertar o estrago que eu havia causado na vida das pessoas. De repente, você aparece novamente em minha vida trazendo a esperança de um novo tempo.

— Então, só depende de você.

Eles conversaram por mais algum tempo e se despediram com as esperanças renovadas.

CAPÍTULO 23

LAURA

Ela entra no pequeno apartamento e demonstra se sentir em casa:

— Como vai, Laura?

— Vou bem, Sarah, e você?

Elas se abraçam carinhosamente.

— Como está a nossa pequena Maria?

— Ela vai bem, se recuperando.

— Melhorou da virose?

— Não foi tão rápido assim, passou dois dias com febre, mas felizmente ficou bem. Está na escola agora.

— Que bom. Como vão as coisas, está conseguindo administrar a ausência da sua mãe?

— É muito difícil... – a fala é interrompida pelas lágrimas abundantes que brotam espontâneas. – Não sei como vai ser daqui para frente.

— Ei, se acalma, estou com você, como sempre estive, e alguma coisa me diz que sua mãe também estará sempre conosco.

Laura tenta dominar a emoção, e diz:

— Se não fosse sua presença em minha vida, desde a gravidez, não sei o que seria de mim. E agora, com a morte da mamãe, me sinto desanimada.

— Tenho uma boa notícia para você!

— Estou precisando de uma novidade.

— Então se segura...

— Pode falar!

— Falei com o Valério e ele conseguiu o emprego para você.

— Sério? Como foi isso? – ela pergunta limpando os olhos.

— Laura, ele sabe de toda a história, conhece bem o Saul e decidiu ajudar, é só isso.

— Fico muito feliz, ainda mais pelo ambiente e o salário, que é muito bom, sem falar do plano de saúde para mim e a minha filhinha.

— Então, garota, agora é agarrar a oportunidade com as duas mãos e trabalhar, nada mais.

— Será que não vão me perseguir pelo que aconteceu entre mim e Saul?

— Daquela época que você trabalhou lá as pessoas que ficaram já foram remanejadas para outros departamentos, e muitas saíram. E se você encontrar alguém, qual é o problema? O importante é que seja uma boa funcionária para a empresa. Esqueça o que passou, erga a cabeça e siga em frente.

— Sarah, como você consegue ser assim?

— Ora, assim como?

— Saul te traiu comigo, fiquei grávida dele e, quando ele quis me enviar para os Estados Unidos e eu estava sem saída, você me estendeu a mão e me acolheu. Eu não consigo perdoá-lo, por me iludir e ainda porque me pediu para tirar a criança. Você me ajudou financeiramente, acompanhou o parto, tornou-se a madrinha da Maria. Agora na morte da minha mãe você tem sido uma irmã mais velha, uma mãe, sei lá. O mundo, se soubesse, não a perdoaria, diria que você é uma idiota.

— E você, Laura, o que acha que eu sou?

— É um anjo bom que Deus enviou para minha vida.

— Menos, Laura, menos. Se eu pude ser útil, qual o problema? E tem mais um detalhe, a Maria é irmã do Daniel e eu não preciso de outro motivo para te ajudar.

— Não entendo muito bem essa sua vocação para ser anjo, mas me esforço para compreender e aceitar.

— Preciso te contar algo muito importante.

— Pela cara que você está fazendo, deve ser mesmo.

— É sobre Saul.

— O que foi que aquele miserável fez desta vez?

— Ele não fez nada, Laura, mas pode fazer muito, principalmente resolver a situação e reconhecer Maria como filha dele.

— Duvido! Ele queria matar a menina antes de ela nascer!

— Calma, Laura, as pessoas mudam.

— Nem todas as pessoas mudam, eu não mudei e o desejo de vingança está mais forte do que nunca no meu coração.

— Está certo, mas vamos deixar de lado a vingança e pensar na Maria, pode ser?

— Por enquanto, sim.

— Eu estive com o Saul. Ele parece ter mudado bastante e acredito que esteja mais acessível a corrigir o estrago que fez na vida das pessoas. Ele me disse isso.

— Você falou da Maria para ele?

— Não, quem tem que falar com ele sobre a filha é você. Eu amo a Maria, mas não posso me envolver e resolver as coisas passando pela mãe dela, concorda?

— Concordo!

— Então vamos resolver uma coisa de cada vez. E nada vai dar certo se a raiva e a vingança assumirem o comando da história.

— É difícil isso, mas vou tentar.

— Laura, nós conversamos várias vezes sobre o assunto e em muitas ocasiões você assumiu uma parcela da culpa por tudo que aconteceu. Partir para a briga agora é pouco inteligente. Precisamos pensar na Maria e garantir os direitos legais dela.

— Pelo que você está dizendo, o Saul está na pior, não é?

— Tudo bem, ele pode estar na pior agora, mas o amanhã pode ser melhor, e o mais importante é que a Maria se aproxime do pai dela.

— Ah... isso é que não, de jeito nenhum!

— Olha o ódio falando, Laura! Isso chama-se alienação parental e com essa atitude você está tirando o direito da Maria de conviver com o pai, mesmo que ele não seja a melhor das criaturas. Não temos o direito de fazer isso com a menina.

Laura lembra das inúmeras vezes em que Maria perguntou pelo pai e ela não soubera o que dizer.

— Mas o que vou dizer a ela, que o pai apareceu do nada?

— Fale a verdade, é claro! Para que escolher a mentira, se podemos dizer a verdade? E se mentirmos teremos de arranjar novas mentiras para sustentar a primeira. Isso é uma coisa que não acaba nunca. E eu te pergunto: vamos enganar a menina, ou vamos conversar com ela?

— Eu me sinto encurralada.

— Se pensarmos sempre no bem-estar da Maria, a gente não vai errar, mesmo que fiquemos engasgadas com os sapos que só os adultos são capazes de engolir.

— Sarah, você dá nó em pingo d'água!

— Eu prefiro não brigar, não discutir, entende?

— Entendo! Mas, me responde uma coisa.

— Pode perguntar.

— E o seu coração, os seus sentimentos com relação a Saul, o que fez com eles?

Sarah silencia por alguns instantes e fala com serenidade.

— Eu sofri e sofro como qualquer pessoa, mas sigo o conselho da minha avó, que me dizia desde a infância: "Do nosso lado deve permanecer apenas quem queira ficar, porque no final de toda história, ninguém pertence a ninguém". Saul foi o grande e único amor da minha vida, entretanto, se ele quis partir, eu não posso fazer nada, nem me matar por isso.

— Mas nunca sentiu vontade de dar uma surra em alguém que a tenha enganado?

— Já senti muita raiva do Saul, principalmente nos momentos em que ele discriminava o Daniel. Não senti vontade de dar uma surra, mas naqueles instantes eu morria por dentro. Era como se ele arrancasse um pedaço do meu coração.

— E você ainda me pede para perdoá-lo?

— Sei que minha conversa pode parecer estranha, mas quando a gente não perdoa, fica carregando os lixos que os outros atiram na nossa vida. Levamos o lixo para a cama, para o trabalho, para as festas, enfim, a mágoa que faz parte da lixeira nos acompanha para todos os lados.

— Sei que você tem razão, porque durante muito tempo o Saul "ia" para a minha cama todas as noites e, quando eu adormecia, ele aparecia nos meus sonhos, ou pesadelos, durante a madrugada, me roubando a paz. Não sei por quanto tempo permaneci assim, carregando o lixo de tanto mal que ele me fez, para onde quer que eu fosse.

— Então, e se você não tomar cuidado e ficar revivendo aquelas velhas situações que não te servem para mais nada, o Saul voltará a dormir ao seu lado na cama através dos seus pensamentos.

— Deus me livre! Não quero voltar a viver aquele inferno e aqueles sentimentos que pareciam corroer o meu coração.

— Pois é, o rancor e a mágoa são lixos emocionais que pesam na alma e no coração de qualquer um.

CAPÍTULO 24

ÂNGELO

O encontro com Sarah havia revigorado as esperanças de Saul.

Ele estava decidido a tentar reconquistar muitas das coisas que havia deixado pelo caminho.

Precisava se aproximar do filho, pelo menos participar da vida dele de alguma forma.

Na noite em que conversara com Sarah nem conseguiu dormir direito.

O brilho nos olhos dela despertaram seu coração, renovando as expectativas.

Como ela era linda, e como ele era burro! – dizia a si mesmo.

É claro que por sua mente havia passado inúmeras vezes a possibilidade de reconquistá-la, mas isso seria possível?

Naquele dia em especial, Saul acordou assoviando.

Fez as suas orações matinais com muita fé e gratidão.

Nunca mais voltaria a viver nas ruas e muito menos jogaria fora as oportunidades que a vida lhe ofertava.

No abrigo onde morava, todos dividiam as tarefas, desde arrumar a cama até limpar os sanitários.

Eram quase cinquenta moradores.

Ali todos trabalhavam para o bem comum.

Naquela manhã, junto a mais dois jovens, Saul teria que limpar os sanitários.

Ao passar os produtos de limpeza no vaso sanitário, ele se recordou da sala luxuosa onde trabalhara durante o tempo em que permaneceu no comando da organização.

Por alguns instantes, ele parou sua atividade e refletiu que, embora estivesse cercado de condições extremamente confortáveis naqueles dias, nunca tinha se dado conta de que as coisas devem ser feitas com alegria e prazer.

Saul percebeu que vivia seduzido pelos prazeres e satisfação de si mesmo, sem que vivenciasse em momento algum o que seus lábios pregavam para a vida dos outros.

Com alegria ele lavou os vasos sanitários e lembrou de Daniel. *Como vou reagir ao vê-lo? Será que ele irá me perdoar por tudo que lhe fiz?*, pensou.

Ele se agachou para limpar as bordas de outro vaso sanitário enquanto a cabeça era tomada por um turbilhão de pensamentos.

Nesse instante, ele foi arrancado da sua mente por uma voz, que disse:

— Bom dia! Em que posso ajudar?

Ele se virou e viu um jovem que certamente devia ter a idade do filho dele.

O recém-chegado tinha alguns ferimentos no rosto e na cabeça.

Os braços apresentavam hematomas e o olho esquerdo estava inchado e roxo, provavelmente por alguma agressão.

Saul estremeceu diante daquela cena.

— Desculpe, esqueci de me apresentar, meu nome é Ângelo e sou um dos que foram acolhidos recentemente.

A voz delicada de Ângelo e os gestos femininos fizeram Saul pensar em Daniel.

Enquanto se refazia daqueles pensamentos, respondeu desconcertado:

— Ah... sim. É claro que pode me ajudar, mas você está em condições de colaborar? Não sente dor por causa dessas escoriações?

— Sinto um pouco de dor, mas preciso colaborar para garantir um lugar onde possa morar, pelo menos por enquanto.

— Desculpe não ter me apresentado – Saul disse isso retirando a luva de uma das mãos e estendeu-a para cumprimentar Ângelo: – Meu nome é...

— Seu nome é Saul – ele falou interrompendo o pai de Daniel. – Já me disseram.

— Isso mesmo! Seja bem-vindo aqui no abrigo.

— Disseram que você fala coisas bonitas sobre Deus.

— É a única coisa que sei fazer, mas também já falei muito e não fiz nada com o que pregava.

— Isso é comum. Tem muita gente que tem Deus nos lábios e o coração cheio de maldade. Minha família é religiosa, mas não tem religiosidade em suas ações.

— Se deseja mesmo me ajudar, pode pegar aquele balde ali e me ajudar com o piso, porque os vasos eu já limpei. Ao passo que trabalhamos, você me fala da sua vida, se desejar.

Ângelo sorriu e imediatamente apanhou o balde e a vassoura.

E enquanto eles esfregava o chão, ele falava:

— Na minha casa éramos eu, meus pais e minha irmã. Todos frequentávamos um segmento religioso. Na verdade, eu não gostava de participar, sempre gostei mesmo foi de estudar.

Ele falava com boa pronúncia e de maneira muito correta, Saul observou.

— Tudo ia muito bem, quer dizer, para meu pai e minha mãe, enquanto para mim a vida era um verdadeiro inferno. Eu nunca me senti feliz porque não me via no corpo que todas as manhãs se refletia no espelho, quando fazia minha higiene pessoal. A dor de não me ver refletida ali me consumia. Pensava nos meus pais e morria todo dia um pouco mais. O que eu poderia fazer para modificar aquela situação? Eu preferia nem abrir a boca diante do meu pai, porque ele percebia que meu jeito de falar era diferente e isso o incomodava. Todas as vezes em que nos reuníamos em casa para as refeições familiares ele vinha com o mesmo discurso. Ele nos alertava que vivemos o tempo do demônio e que gays e pessoas assim são a expressão do diabo. Falava de castigos e fogo do inferno para os afeminados. Papai dizia todas essas coisas olhando para mim. Mamãe não o contrariava, e minha irmã vivia alheia, presa ao mundo dela que eu nunca soube exatamente qual era.

Nesse momento, Ângelo ergueu uma das mangas da camiseta e mostrou:

— Veja estas cicatrizes! Foram muitas as vezes que me cortei para ver se arrancava de mim aquilo que eu julgava ser uma sujeira na minha alma. E todos os dias eu me perguntava: "Por que eu sou assim?". Nunca encontrei as respostas que procurava.

Ele se abaixou para rosquear o cabo do rodo que havia caído e, após o ligeiro conserto da ferramenta de limpeza, prosseguiu:

— Um dia, depois de mais uma noite atormentada, eu levantei decidido, iria pôr um fim na minha vida. Nada fazia mais sentido para mim. Eu não ia mais à igreja. Papai disse que eu o envergonhava todas as vezes que abria a boca, e por isso era melhor eu ficar em casa. Mas ele também me proibiu de sair às ruas, porque na cabeça dele pessoas como eu vivem apenas para o coito com outros do mesmo sexo.

Cada palavra dita por Ângelo sacudia a alma de Saul, pois era exatamente assim que ele pensava até algum tempo atrás em relação ao próprio filho.

O jovem fez uma pausa na faxina colocando o balde para encher de água, enquanto comentava:

— Durante o período em que fui ao templo com minha família, eu perguntava a Deus em todas as minhas orações: por que eu tinha nascido assim? Fracassei em duas tentativas de suicídio. Meus pais me levaram para fazer tratamento em um psicólogo. Tentaram ajuda em vários meios religiosos acreditando que existia cura para mim. De nada adiantou. Depois de passar por todas essas coisas decidi falar o que sentia. Certo dia, durante o almoço, enquanto ouvia meu pai falar sobre pecado, gays e demônios que andavam por aí, pedi licença para falar e contei tudo o que eu sentia e vivia em minha alma, desde que me entendia por gente. Mamãe tentou me interromper durante a fala, mas papai pediu a ela que me deixasse falar.

Ângelo suspirou e prosseguiu:

— Contei tudo que sentia e abri minha alma para as pessoas que mais amo. Os três me ouviram quietos e quando terminei o silêncio era ensurdecedor. Jamais esquecerei a cena que se seguiu. Papai limpou os lábios com guardanapo e disse sem piscar: "Nós fizemos tudo para curar você, mas parece que seu mal é crônico e sem cura. Eu, sua mãe e sua irmã somos pessoas normais. Nesta casa e nesta família não tem lugar para criaturas do demônio como você. Vou sair para trabalhar e, quando voltar, não quero te ver mais aqui". Fiquei com muito medo, olhei para minha mãe, que tentou intervir, mas meu pai mandou que ela calasse a boca, ou então me acompanhasse para fora de casa.

A narrativa de Ângelo se interrompeu, e as lágrimas brotaram de seus olhos inchados.

Saul via diante de si um jovem que poderia ser seu filho.

Ele tinha tratado Daniel com a mesma indiferença que os pais de Ângelo trataram o filho. Diante dele estava mais um jovem que não escolhera ser como era.

Ângelo tinha o rosto entre as mãos e chorava copiosamente.

Nesse instante, Saul pensou em Daniel e no sofrimento do filho a quem ele sempre negou sua presença e seu carinho.

Agora ele entendia o sofrimento que muitos jovens experimentavam e novamente travou uma luta interna para sufocar definitivamente o homem velho e preconceituoso que ele era.

Num gesto nascido do coração e dedicado a Daniel, ele deixou a vassoura de lado e se aproximou de Ângelo, abraçando-o acolhedoramente.

O jovem respirou fundo e, após alguns minutos, se acalmou.

— Você está bem? – Saul indagou.

— Estou sim... Depois que saí de casa – ele continuou – procurei ajuda de alguns amigos, mas todos me viraram as costas. Com muito medo passei a dormir na rua e deixei a escola. Todas as noites era uma vitória pela sobrevivência. Evitava falar para que as pessoas não ouvissem minha voz. Se me identificassem como gay, poderiam me agredir. Só comia quando ganhava alguma coisa dos religiosos que fazem trabalho de assistência nas ruas da cidade. Identifiquei os pontos onde essas pessoas atuavam e sempre me dirigia para esses locais em busca de alimento. O tempo foi passando e dias atrás eu fui atacado por um grupo de jovens que me machucaram bastante. Só não morri porque alguns moradores de rua gritaram e chamaram a polícia. Ferido, eu fui socorrido no pronto-socorro, mas logo que me liberaram voltei para a rua e graças a Deus esse casal me acolheu aqui no abrigo.

A história daquele jovem se repetia e se repete em muitos lugares do país, Saul refletiu.

Ele via diante de si a dura realidade dos que são discriminados pela sociedade.

E, numa atitude solidária, o jovem Ângelo indagou:

— Você também é como eu?

Em outros tempos a pergunta seria um convite para a briga, mas naquele momento Saul sorriu com discrição e falou:

— Sou um ser humano como você, e isso basta para mim.

CAPÍTULO 25

MINHA HISTÓRIA

Saul fecha a torneira e joga a água dos baldes pelo chão para terminar a limpeza e, enquanto passa o rodo, comenta:

— Em muitos momentos, agi com meu filho Daniel do mesmo modo que seu pai agiu com você. Eu o discriminei bastante, desprezei-o inúmeras vezes. Fui um religioso hipócrita como muitos e vim parar aqui para aprender a amar e a entender pessoas como você e meu filho. Estive no Olimpo, onde provei o néctar dos prazeres humanos, e desci ao inferno das dores, dos preconceitos e das necessidades. Caminhava com orgulho e vaidade acreditando ser eu melhor do que os outros. Pregava a fé e o amor cristão, mas cultivava o sexo e o dinheiro. Enquanto isso, na intimidade doméstica, desprezava Daniel, meu único filho. Tinha vergonha dele e, usando o comportamento do meu filho como justificativa, desfiz um casamento e abandonei o lar afirmando que queria voltar a ser feliz. Durante toda a minha vida sempre abominei pessoas como você, Ângelo. Fiz campanhas para destruir a reputação dessas pessoas que, na verdade, não sabem o porquê de viverem essa realidade. Eu evitava qualquer contato imaginando que essa "peste" pudesse ser contagiosa. Afirmava que tudo era obra do diabo, mas comportamentos desprezíveis como o meu sempre são o resultado da ignorância. Essa, sim, é uma obra do diabo. Subi muito depressa ao Olimpo e caí vertiginosamente nas profundezas dos meus enganos.

— E o seu filho?

— Daniel é um rapaz com a sua idade, provavelmente, muito inteligente e sensível. Escreve muito bem e, para minha vergonha, me ama muito.

— Eu também amo meu pai, mas não posso obrigá-lo a receber o amor que tenho da maneira que posso dar.

— Sei como é isso, porque o meu filho sempre quis me ofertar o seu amor, mas eu nunca quis e não soube receber o que ele me ofertava. Por ironia, eu não sei dizer se por brincadeira da vida, vim parar neste abrigo para jovens desprezados por suas famílias. Minha condição de desnutrição e miséria moral era muito grande. Como você, eu vivia pelas ruas comendo pelas mãos da caridade alheia. Dormia e me mantinha vigilante, também por medo da violência. O corpo foi sendo fragilizado pela pouca alimentação. A falta de higiene adequada me atormentava e muitas vezes eu desejava fugir de mim mesmo, mas era obrigado a suportar o mau cheiro que meu corpo exalava. Experimentava a própria degradação física e moral. Durante as noites de vigília, foram muitas as vezes que pessoas desprezadas pela família, por não atenderem aos preceitos da dita "normalidade sexual", dormiam próximas a mim e eu tinha de aceitar e conviver com aqueles que meu preconceito condenou inúmeras vezes.

Saul falava com a voz embargada:

— Nos púlpitos da minha ignorância sempre tachei essas pessoas como aberrações da sociedade, mesmo identificando no meu filho a manifestação daqueles comportamentos que eu combatia. Mas a vida é também inteligente e de maneira impressionante tece os fios que nos unem, levando-nos a sentir na própria pele os equívocos cometidos contra os nossos semelhantes. E em várias ocasiões recebi ajuda dessas pessoas discriminadas e estigmatizadas pela sociedade. Até que certa noite adoeci e desmaiei. Foi quando os dirigentes deste abrigo me recolheram e me assistiram como alguém que fizesse parte da família deles. Precisei de muitos cuidados médicos e experimentei um período acamado. Debilitado ao extremo, nem banho eu conseguia tomar sozinho. A lucidez foi retornando aos poucos e me dei conta de que gays, trans e travestis cuidavam de mim. Desde a higiene pessoal até a alimentação. Ali estava eu, totalmente nu, de corpo e alma, voltando à vida pelas mãos de quem tanto persegui e discriminei.

— Nossa! Que história a sua.

— Sim, Ângelo. Todavia, a história não para por aqui. Depois que me recuperei fui levado até a presença do casal que me acolheu. E então, nova surpresa: o casal era composto por dois homens. Paulo e Armênio são os nossos benfeitores, nossos pais, de certa forma. Sem perguntar quem somos, a religião que professamos, eles nos acolheram e nos amam, socorrendo jovens como você para fazer parte desta grande família. Mesmo depois de ter passado por tudo, eu me surpreendi ao ser abraçado por eles. Ainda estão arraigados no coração de muitas pessoas os modelos que instituímos como verdades absolutas.

Saul se emocionou mais uma vez.

— Depois de recuperado, eu quis ofertar alguma colaboração e me pediram a princípio que auxiliasse nas tarefas do abrigo. E foi muito importante tudo isso, porque passei a cuidar de algumas tarefas e me desafiava a cada dia, lutando constantemente para extirpar o preconceito da minha alma. Um fato curioso que experimentei foi no dia em que estava encarregado de ir à feira comprar frutas e verduras. Armênio pediu para uma garota trans me acompanhar. Larissa é o nome dela. Ao chegarmos ao mercado, ela, sempre muito alegre e sorridente, me deu o braço. Entramos no mercado de braços dados como pai e filha. Percebi então algumas pessoas cochichando e rindo de nós dois. Sem contar uma senhora que, ao nos ver passar, disse em voz alta para que ouvíssemos: "Este mundo está perdido!". Não recriminei as palavras daquela mulher, porque já fui como ela. Julgamos e emitimos nosso juízo sobre as coisas sem saber o que se passa na vida dos nossos semelhantes, fazer o quê? Confesso que fiquei um pouco inibido com a atitude da Larissa, mas por que eu deveria me envergonhar, já que ela foi um dos anjos que cuidaram de mim? Ergui minha cabeça e seguimos adiante.

— E você se acostumou com pessoas como eu?

— Foram vocês que me ensinaram a amar os ditos "diferentes". A vida foi seguindo seu curso, até que fui chamado por Armênio para uma conversa particular e ele me disse: "Sei quem você é e a perseguição que promoveu contra pessoas como nós". – Fiquei envergonhado. – "Mas não se constranja, pois quero te pedir para criar um espaço religioso onde possa falar de Deus para os abrigados e quem mais se interessar. Por isso, se desejar, providenciaremos um espaço onde possamos falar de Deus para o coração de toda gente. Afinal, gays, lésbicas, trans, bissexuais também são filhos de Deus, ou não são?" – "Claro que sim!" – respondi. E foi assim que começamos o nosso trabalho no espaço religioso, procurando auxiliar as pessoas que sofrem perseguição e acreditam que Deus possa ter um olhar amoroso e um espaço no coração para todas elas.

— E o seu filho? Vocês estão bem? Já o procurou? Ele vai ficar orgulhoso do pai que tem.

Saul ouviu aquelas palavras como um verdadeiro bálsamo para seu coração e alimentou imensas esperanças de poder se reconciliar com Daniel.

CAPÍTULO 26

REENCONTRO

Foi muito boa a conversa com Ângelo, em que cada um pôde abrir o coração e promover mais mudanças ainda na vida de Saul.

O jovem que se tornou seu amigo e com quem dividia muitas tarefas no cotidiano fez com que ele enxergasse as suas lutas por um novo ângulo.

E foi com o coração esperançoso que Saul decidiu ir até a escola do filho.

No primeiro dia, a emoção não permitiu que ele se aproximasse. Ficou de longe contemplando o belo rapaz no qual Daniel se tornara.

Viu quando Sarah parou o carro para pegar o jovem.

Depois daquele dia, Saul voltou para o abrigo entusiasmado e feliz.

No final da manhã do outro dia, lá estava ele novamente à espreita, observando Daniel.

Sarah não estava lá como de costume, foi o que lhe pareceu.

Daniel foi caminhando pela rua e Saul decidiu segui-lo.

Assim que ele dobrou a esquina, dois rapazes se aproximaram dele, e Saul deduziu que eram amigos da escola.

Mas, uma situação inesperada aconteceu, quando um dos rapazes deu um soco no rosto de Daniel, jogando-o ao chão.

O outro rapaz começou a chutar a cabeça de Daniel.

Numa atitude desesperada, Saul saiu correndo e gritou na direção do filho.

À medida que ele foi se aproximando, ainda ouvia os xingamentos e a gargalhada sarcástica:

— É isso que você merece, sua bichinha. Pessoas como você merecem morrer!

— Larguem ele, deixem ele em paz... – Saul gritou desesperado.

Os agressores saíram correndo.

Saul se ajoelhou junto ao filho caído e colocou a cabeça dele em seu colo, sentando-se ao chão.

— Filho... meu filho...

Algumas pessoas se aproximaram e o socorro médico foi pedido.

Daniel não conseguia distinguir muito bem o rosto de quem estava na sua frente, mas ao ser chamado de filho reconheceu a voz do pai e balbuciou:

— Pa... pai...

— Calma, filho, tudo vai ficar bem.

— Te amo, pai... – num esforço sobre-humano Daniel ainda disse: – Que bom que você voltou.

— Eu também te amo, filho... – ele se declarou ao filho pela primeira vez na vida e chorou derrubando lágrimas sobre a face macilenta de Daniel.

Daniel perdeu os sentidos e desmaiou.

A ambulância chegou e os primeiros socorros foram prestados.

Daniel foi transportado para o hospital e Saul o acompanhou.

Depois de alguns minutos, Sarah chegou e eles se abraçaram solidariamente.

Daniel foi levado para o centro cirúrgico, pois foi constatado que ele sofrera traumatismo craniano.

Um dos chutes desferidos contra sua cabeça acabou por gerar graves consequências.

As pessoas amigas começaram a chegar.

Entre elas, Laura e Maria.

Ao deparar com Laura e olhar para a menina que a acompanhava, Saul imediatamente ligou os fatos do passado àquela criança.

Estava ali diante dos olhos dele mais uma prova viva da leviandade com que tratara algumas pessoas durante um período de sua vida.

Horas se seguiram.

Os médicos disseram que o estado de saúde de Daniel era grave e seria preciso esperar pelo menos setenta e duas horas para que o organismo reagisse, mas, como ele era jovem, as esperanças de melhora eram grandes.

Saul mantinha a cabeça baixa, envergonhado por estar na presença daquelas pessoas que ele sabia ter enganado um dia.

De repente, alguém deu um tapa no seu ombro. Era Valério, acompanhado de Antônia e Raquel, que havia se tornado uma bela jovem.

— Vamos tomar um café, sei que você está precisando!

Em silêncio, Saul se levantou e caminhou ao lado do líder da grande organização religiosa, que carinhosamente colocou a mão sobre seu ombro.

Na cantina do hospital, Valério procurou quebrar o gelo:

— Amigo, sei que este momento é doloroso para você, mas mantenha a fé em Deus e entregue a Ele as suas angústias.

Sorvendo o primeiro gole de café, Saul não dominou a emoção e grossas lágrimas banharam sua face.

— Me perdoe, Valério...

— Nada disso, esqueça qualquer assunto referente ao passado. Quando alguma palavra de lamentação ou queixa quiser surgir nos seus lábios, ore com fé e não se justifique mais. Deus o conhece melhor do que todos nós. Nosso julgamento não deve ter peso para você. Agora precisamos estar juntos, pensando na recuperação do Daniel.

— De qualquer forma – Saul disse erguendo a cabeça. – Quero agradecer por tudo que você fez por meu filho e por Sarah. Ser grato não significa deixar de reconhecer tudo que Deus enviou para minha família através de você, por isso, repito, muito obrigado.

Eles tomaram o café em silêncio.

— Quer mais um café? – Valério ofereceu.

Nesse instante, Raquel chegou chamando os dois, pois o médico queria conversar com a família e Sarah pediu para chamar Saul.

Imediatamente eles percorreram o grande corredor até a antessala onde o cirurgião se pronunciaria.

Não foi necessário aguardar muito tempo, em questão de minutos o cirurgião chegou e indagou:

— Quem são os familiares?

— Eles são os pais! – Valério apontou para Sarah e Saul.

— Bem, o Daniel está tendo dificuldades para se recuperar como nós esperávamos. A pressão intracraniana apresenta-se extremamente elevada e iremos levá-lo para a câmara hiperbárica na tentativa de reverter o quadro. O estado de saúde dele é muito grave – o médico fez uma pausa e disse: – Se a família for religiosa, poderá ajudar com preces.

Todos experimentaram uma grande tristeza.

É Valério quem toma a iniciativa, falando:

— Vamos fazer o que o médico pediu, unir os corações em oração para ajudar o Daniel.

Saul se pôs de pé e, pedindo licença a todos, proferiu uma oração profundamente emocionado.

Laura se abraçou a Sarah juntamente à pequena Maria. Após a sentida oração, todos se abraçaram.

Laura olhou para Saul e interiormente acalmou o coração. O sentimento de vingança que alimentara durante tanto tempo se esvaiu diante da falência e da dor moral experimentadas pelo pai da sua Maria.

Sarah, mais uma vez revelando rara nobreza de caráter, sentou-se ao lado de Saul e o encorajou.

Nada como o amor para transformar os que o falseiam e em nome dele enganam e ludibriam o semelhante.

CAPÍTULO 27

DOR

As horas se arrastam e as esperanças se esvaem diante do agravamento do quadro.

Então, a notícia dolorosa chega.

— Infelizmente, ele não resistiu – disse o médio entristecido.

Um abismo se abre sob os pés de Saul.

Em um segundo, um filme passa diante dos seus olhos e em sua mente surgem os registros dos muitos momentos de desprezo e dor que ele dedicara a Daniel.

O remorso, como monstro devorador, emerge de maneira impiedosa.

Saul quer gritar de dor, mas não consegue.

Sarah emudece e se fecha emocionalmente.

A dor é partilhada entre todos e não há espaço para qualquer manifestação, bastando a cada um senti-la em silêncio.

A devastação interior de Saul se revela na face trespassada de angústia e sofrimento.

Valério o abraça de maneira acolhedora.

Laura abraça Sarah.

Raquel, abraçada a Antônia, que a tudo assistia impávida, acolhe também a pequena Maria.

E a perplexidade da sempre inusitada chegada da morte mostra sua cara mais uma vez, revelando a todos a tênue linha que divide a vida da morte.

Valério e Saul saem da sala para cuidar dos trâmites legais e das providências mais urgentes.

Saul não dispõe de recursos para custear o sepultamento do corpo do filho.

Silenciosamente, Valério assume todas as despesas.

As horas seguintes seriam imensamente dolorosas.

O corpo chega e o velório começa.

Todos pranteiam o corpo do talentoso Daniel, o garoto delicado, de gestos femininos que, como tantos outros, o mundo discrimina.

Após o impacto doloroso da chegada do corpo, Sarah é medicada com calmantes para lidar com a dor e a iminente tempestade de lágrimas.

De repente, para surpresa dos presentes, todos os assistidos pelo abrigo, onde Saul morava, chegam ao velório.

A estupefação foi geral.

Gays, lésbicas, travestis e transexuais chegam num cortejo de solidariedade e amor.

Valério olha para Saul, que em pranto convulsivo diz:

— É a minha família... o novo rebanho que Jesus me deu para pastorear.

O casal responsável pelo abrigo vem na frente e todos cercam Saul e Sarah com abraços e mensagens de solidariedade.

Muitos se emocionam, mas outros torcem o nariz para a presença daquelas pessoas "diferentes", que não tinham lugar no mundo dos ditos "normais".

Valério compreende tudo que se passava.

Sarah, ao contemplar a cena, percebe que Saul tinha aprendido o significado do amor incondicional para com todos os semelhantes.

Todos se unem e dão as mãos. O caixão deveria ser fechado e Saul iria fazer uma prece. Antes, porém, ele descreve as últimas palavras que pôde trocar com o filho.

— Daniel disse, caído em meu colo: "Que bom que você voltou!". – Nessa frase percebi o tamanho do seu amor e do seu perdão. Aqui diante do corpo dele, ao recordar suas palavras, encontro razões para prosseguir. Porque tenho que cuidar de outros jovens como ele, que são desprezados pelos pais e por suas famílias. Neste momento, quantos jovens como o Daniel estão pensando em se matar por não entenderem o que se passa em seu coração? Precisamos aprender a amar a essência e não a forma humana. Acredito que foi essa lição que aprendi com tudo que fiz meu filho sofrer, e abandonar esse campo de lutas que se abre diante dos meus olhos seria como renunciar o meu filho mais uma vez.

Todos se surpreendem com as palavras de Saul.

Uma confissão pública dos próprios fracassos revelava que o orgulho e a vaidade, que todos conheceram um dia, foram jogados ao chão.

Ante os olhares assustadiços, o homem velho que habitara o coração de Saul estava sendo sepultado junto ao corpo do próprio filho.

E mesmo que pareça paradoxal, Daniel permanecia vivo nas ações do pai em defesa de outros jovens como ele, que só desejam viver e serem aceitos como são.

— Depois de tantas lutas e quedas, posso afirmar, reconhecendo os desenganos cometidos, que meu filho vai comigo para onde eu for. Eu sempre falarei de amor e respeito por todas as pessoas.

Alma nua, homem novo.

O sepultamento do corpo se dá sob o olhar emocionado de todos.

Laura, que sempre esperou para erguer a taça da vingança, rende-se ao sofrimento de Saul.

Os dias seguiram seu curso e, aos poucos, a vida foi se acomodando.

Saul é convidado para uma conversa com Sarah na casa dela.

Ele atende prontamente ao convite.

E chega a pensar que talvez fosse o momento de tentar uma reconciliação.

Todavia, ao chegar à casa de Sarah, Saul depara com a presença de Laura. É ela quem o recebe.

— Talvez você esteja estranhando a minha presença, mas falta resolvermos uma parte dessa história, já que você mesmo disse no velório de Daniel que seu filho estaria presente em suas ações.

— Sim, Laura, tem razão!

— Por isso, precisamos conversar. Você é um homem inteligente e deve ter percebido que Maria é a criança que você queria ver morta no passado, mas felizmente não atendi ao seu pedido.

Saul enrubesce e se constrange.

— É verdade, lamento ter me comportado assim, eu lhe peço perdão.

— Não quero falar de passado, precisamos apenas colocar as coisas no devido lugar, e isso implica a situação da menina, que não tem pai reconhecido legalmente.

— Estou pronto a reparar o mal que fiz a ambas, e, se você me permitir, gostaria de me aproximar de Maria.

— Isso não é problema. É claro que precisamos de um tempo para que ela possa se acostumar com sua presença. Não criarei dificuldades para que isso se dê, mas quero pedir para se aproximar dela apenas se tiver o desejo sincero de assumir suas responsabilidades de pai. E isso significa dizer que um pai deve ser e estar presente na vida dos seus filhos.

— Eu entendo e concordo, Laura.

Saul mal consegue controlar os sentimentos que se atropelam em seu coração. Sente-se tal qual criança diante de um mundo novo que se descortina em sua vida.

Saul poderia ser para Maria o pai que não foi para Daniel.

— Tem mais uma coisa que quero te falar.

— Sim, Laura, pode dizer!

— Eu estou aqui conversando com você e Maria está aqui entre nós graças a uma única pessoa.

— Sua mãe, eu imagino.

— Sarah. O nome da mulher que me fez chegar até aqui é Sarah. Foi ela quem me recolheu e me amparou durante todos esses anos.

Mais uma vez, a mãe de Daniel mostrava quem era a verdadeira cristã em toda aquela história de dor e lágrimas, mas também de amor, renúncia e perdão.

Depois de alguns instantes, Saul fala emocionado:

— Prometo cumprir com as minhas responsabilidades de pai. Pretendo regularizar toda a parte legal para que Maria tenha a situação normalizada. Vou dar a ela a minha presença paterna sempre que você permitir.

— A permissão será sempre dada por ela, conquiste-a.

— Farei o possível e o impossível para ser para Maria o pai que ela merece ter.

— Da minha parte, estou riscando você da minha vida a partir de agora. O ódio e o rancor ficaram para trás, porque preciso seguir em frente e você não tem mais o poder de roubar a minha paz. Iremos conversar como pessoas civilizadas e respeitosas pelo bem da nossa filha. Nada mais!

— Sim, Laura, me perdoe.

— Perdoar o quê? Você passou!

CAPÍTULO 28

CONCURSO

Lá estão todos para o anúncio do finalista do grande concurso.

Sarah, Laura e Maria.

Valério, Antônia e Raquel.

Saul e Ângelo, pois agora o rapaz era tratado como filho pelo pai de Daniel.

O cerimonial cuidou de tudo de maneira impecável.

Autoridades locais estão em peso no teatro.

Ao longo da cerimônia uma jovem elegantemente vestida diz:

— Após o anúncio do vencedor, teremos uma grande surpresa aqui no palco. O conto vencedor será representado dramaturgicamente, pois foi adaptado especialmente para esta noite.

Os convidados se entreolham e depois de algumas apresentações artísticas chega o grande momento:

— O grande vencedor do nosso concurso é Daniel Veloso, e convidamos seu pai, Saul Veloso, para receber o prêmio *in memoriam* pelo conto emocionante, "O Pai Pródigo".

A explosão de aplausos e lágrimas é instantânea.

Durante muitos minutos os aplausos prosseguem incontidos.

Saul, que não esperava por aquele momento, olha para Sarah.

Ele estende a mão convidando-a a acompanhá-lo até o palco.

De braços dados, eles sobem ao palco.

A emoção não permite que Saul e Sarah digam nada além de obrigado.

A cerimônia de entrega é breve e todos voltam para seus lugares, pois a peça começa.

O cerimonialista lê uma parte do texto escrito por Daniel, para que as pessoas entendam a peça:

O Pai Pródigo

E disse Jesus: "Um certo filho tinha seus pais.
Tudo ia bem, até que num belo dia o pai disse ao filho e à esposa: 'Dê-me a parte dos bens que me pertence'.
E ele dividiu os bens materiais e a família.
E, poucos dias depois, o pai, ajuntando tudo, partiu para uma terra longínqua conhecida como ilusão, e ali desperdiçou os seus bens, vivendo dissolutamente.
E, havendo ele gastado tudo, houve naquela terra uma grande fome, e começou a padecer necessidades.

E foi, e chegou-se a um dos cidadãos daquela terra, o qual o mandou para os seus campos, a apascentar porcos.
E desejou encher seu estômago com as bolotas que os porcos comiam, e ninguém lhe dava nada.
E, tornando em si, disse: 'Em quantos momentos com minha família tive abundância e alegria, e aqui eu pereço de fome e falta de amor.
Levantar-me-ei, e irei ter com meu filho, e dir-lhe-ei: 'Filho, pequei contra o céu e perante ti; e já não sou digno de ser chamado de teu Pai'.
E, levantando-se, foi para seu filho; e, quando ainda estava longe, seu filho o viu, e se moveu de íntima compaixão e, correndo, pendurou-se no pescoço e o beijou.
E o pai lhe disse: 'Filho, pequei contra o céu e perante ti, e já não sou digno de ser chamado teu Pai'.
Mas o filho disse à sua mãe: 'Mamãe, traga depressa a melhor roupa, o chinelo do papai e seu jornal preferido...
Porque este meu pai estava morto, e reviveu, tinha-se perdido, e foi achado'."

Saul, que se sentara ao lado de Sarah, vê-se retratado por Daniel na expressão singela e linda naquela versão da parábola do Filho Pródigo, agora representada no Pai Pródigo que ele fora um dia.

Todos compreendem e sentem a alma de Daniel falando do quanto amava o pai.

Saul recorda-se das últimas palavras do filho manifestando alegria em seu retorno para o regaço do amor filial.

A história contada por Daniel falava das dores da sua alma e da alegria em ter o pai de volta.

Todos se despedem após o espetáculo teatral e mais nuances da bela história de Daniel foram representadas.

Saul segura as mãos de Sarah e fala comovido:

— Será que um dia poderíamos tentar escrever uma nova história?

— Saul, você passou... nossa história terminou. Segue sua vida.

E, apontando para Ângelo, Sarah fala com emotividade na voz:

— Jovens como ele precisam de pais como você, um pai pródigo que voltou, porque a maioria não volta.

Fim

Este livro foi composto em Adobe Garamond Pro e Bliss Pro
e impresso pela Gráfica Santa Marta para a
Editora Planeta do Brasil em setembro de 2018.